Zu diesem Buch Mit vollem Munde spricht man nicht! Süße Leckereien machen die Zähne kaputt! Aufgestanden wird, wenn alle fertig sind! Ein reichhaltiges Frühstück ist für Kinder besonders wichtig! Wer kennt sie nicht, die Regeln unserer Eltern und die Ermahnungen der Ernährungsexperten. Und wer wäre nicht schon oft genug daran verzweifelt, diese Regeln auch umzusetzen. Regina Hilsberg, die erfolgreiche Autorin und Mutter von vier Kindern, zeigt: Weder der Blick ins Kochbuch noch die neueste Ernährungslehre helfen dabei, mit dem täglichen Chaos fertig zu werden. Immer wieder entzünden sich die kleinen und großen Konflikte am Essen, beim – meist nur noch einmal täglichen – gemeinsamen Mahl rund um den Familientisch. Und ein kleiner Blick über den Familientisch hinaus hilft dabei, den eigenen Alltag zu relativieren, einige Streifzüge durch die Geschichte und durch die Biologie bringen überraschende Erkenntnisse zutage. Der Autorin gelingt es, mit ihren lebendigen Beispielen und praktischen Vorschlägen die Leser zum Schmunzeln zu bringen, zum Nachdenken anzuregen – und eigene Lösungsmöglichkeiten zu finden.

Regina Hilsberg, Jg. 1951, Lehrerin, studierte Architektur, Anglistik und Kunsterziehung und lebt mit Mann und vier Kindern bei Hann. Münden. 1985 erschien ihr Buch «Körpergefühl» (rororo Nr. 7922), 1988 «Schwangerschaft, Geburt und erstes Lebensjahr» (rororo Nr. 8519), beide in der Reihe «Mit Kindern leben».

Anregungen und Kritik bitte an folgende Adresse: Büro für wissenschaftliche Publizistik Dr. Horst Speichert, Teutonenstr. 32 b, 65187 Wiesbaden. Hier erhalten Sie auch gegen Voreinsendung eines frankierten DIN-C6-Umschlags einen Prospekt der Reihe «Mit Kindern leben».

Regina Hilsberg

«Meine Suppe eß ich nicht»

Kultur und Chaos am Familientisch

Mit Illustrationen von Manfred Bofinger

rororo
Rowohlt

rororo Mit Kindern leben
Herausgegeben von Bernhard Schön und Horst Speichert

Redaktion: Bernhard Schön

Originalausgabe
Veröffentlicht im Rowohlt Taschenbuch Verlag GmbH,
Reinbek bei Hamburg, August 1995

Umschlaggestaltung: Peter Wippermann/Jürgen Kaffer
(Illustration: Manfred Bofinger)

Satz Sabon PostScript, QuarkXPress 3.3
Gesamtherstellung Clausen & Bosse, Leck
Printed in Germany
1290-ISBN 3 499 19901 7

Inhaltsverzeichnis

Was darf ich Ihnen anbieten? 9

Kapitel 1 **Einkaufen** 12

Praxis: Einkaufen 17

Kapitel 2 **Kochen** 20

Kochen mit Kindern 25
Praxis: Kochen mit Kindern 31
Praxis: Kochen ohne Kinder 33

Kapitel 3 **Die Mahlzeit am Familientisch** 35

Was sich am Familientisch abspielt 35
Praxis: Die Mahlzeit am Familientisch 40
Rituale 40
Wider das Schmatzen und Kleckern
und zum Gebrauch von Löffel und Gabel 42
Wider Gier und Unbeherrschtheit 48
Der Familientisch als Spielplatz? 52
Mitteilen und Zuhören 54

Kapitel 4 **Von der Gliederung der Zeit durch Essen** 61

Der physiologische Verdauungsrhythmus 61
Essen als Rhythmus des Erlebens 66
Wann kann man welches Essen machen? 68

Kapitel 5 **Die Auflösung des Familientisches** 81

Wenn Kinder außer Haus essen 87

Kapitel 6 **Essen als Schlacht- und Spielfeld im Familienleben** 90

Die Kinder in den Großen 96
Die Geschwister 100
Die Solidargemeinschaft der Geschwister 100
Geschwister als Nebenbuhler 104

Kapitel 7 **Wenn Essen zum Problem wird** 108

Leckere Trösterchen aller Art 110
Wenn Kinder zuwenig oder zuviel essen 117
Das Spätzchen 119
Der Vielfraß 123

Kapitel 8 **Essen in besonderen Situationen** 129

Kleine Gäste 129
Große Gäste 132
Bei Tisch mit Großmama und Großpapa 135
Praxis: Wie das Gastmahl gut gelingt 137
Die Familie ißt außer Haus 139
Zu Gast bei Freunden und bei den Großeltern 139
Über das Essen im Restaurant 143
Praxis: So macht es Spaß im Restaurant 147

Kapitel 9 **Essen und Umwelt** 152

Wie Menschen Achtung vor der Natur ausdrücken 156
Ökologie beim Einkauf 157
Wie leben wir die Achtung vor der Nahrung? 160
Wenn Kinder Vegetarier werden 164

Kapitel 10 **Warum wir wie essen – einige biologische und historische Anmerkungen** 171

Der Hunger im Bauch 171
Der Hunger in der Seele 172
  Geschmackslust 174
  Belohnung, Trost und Gesellschaft 175
  Geschmack als Freiheit und Abenteuer 178
Essen im Schlaraffenland – eine verhaltensbiologische Falle 180
Eine kleine geschichtsphilosophische Spekulation 183
Die Geschichte der Ernährung 187
Ein bißchen Biologie 193

Kapitel 11 **Der geistige Rahmen der Eßkultur** 197
Ernährungslehren – quergelesen 199
  Die Deutsche Gesellschaft für Ernährung 201
  Andere Ernährungslehren, kurz gefaßt 203
Der Geschmackssinn 207
«Abwechslungsreiche» Ernährung 211

Kapitel 12 **Der Mund als Tor zum Kind** 214

Hat's geschmeckt? 218

Literatur 220

Mama hat's dir so gemütlich wie bei McDonald's gemacht!

Was darf ich Ihnen anbieten?

Gehe ich richtig in der Annahme, daß Sie zu diesem Buch gegriffen haben, weil Sie genau das kennen: «Meine Suppe eß ich nicht!»? Nörgelnde Kinder, umkippende Saftgläser, unaufgegessene Schulbrote, Fußtritte unter dem Tisch, der nachmittägliche Schrei nach Süßem, das schlechte Gewissen der Mutter, weil der Sprößling wieder das Gemüse nicht gegessen hat. Wahrscheinlich könnten Sie die Litanei selbst noch beliebig fortsetzen.

Woher kommt das? Wie kann Essen, eine der am stärksten lustbetonten Tätigkeiten des Menschen, so viel Ärger bereiten?

Angesichts der vielen positiven Veröffentlichungen zum Thema Essen erscheint das wirklich rätselhaft. Da prophezeien Faltblätter der offiziellen Ernährungsberatungsstellen strahlende Kinderaugen, wenn Mutter ein «abwechslungsreiches, vollwertiges Frühstück» eingepackt hat, da verheißen die Rezeptspalten von Zeitschriften einen «Bärenappetit» auf den «Riesensalat», da versichern Ernährungsapostel, daß Kinder, von klein auf ohne Zucker und mit Vollkornkost ernährt, die schändlichen Weißmehlprodukte und Süßigkeiten verabscheuen werden.

Tausende von Eltern bemühen sich tagtäglich, diese Ratschläge zu befolgen. Und weil es die Experten ja wissen müssen, muß wohl mit diesen Eltern und ihren Kindern etwas nicht stimmen, wenn alles doch ganz anders läuft. Statt wachsender Sicherheit macht sich Ratlosigkeit breit, die sich in Extremfällen zu Streß und Verzweiflung steigern kann, weil man es nicht schafft, alles «richtig» zu machen.

Ratgeber dieser Art gehen meist von einer Definition des Richtigen aus und versuchen dann, Strategien vorzuschlagen, wie man dieses Richtige in die Tat umsetzen kann. Beispiel: Der Körper braucht Vitamine und Ballaststoffe, diese sind in Gemüse enthalten. Also müssen Kinder Gemüse essen. Also müssen Eltern die Kinder dazu bringen, Gemüse zu essen. Wenn sie es nicht freiwillig tun, dann wird getrickst: «Sollten die roten Rüben in dieser Form nicht gegessen werden, variieren Sie etwas... bis Sie den Geschmack Ihrer kleinen Feinschmecker getroffen haben.» (Kurz 1985, S. 27) Oder es wird abgelenkt («Grüne Männchen im Gemüsegarten» – sprich Grünkerngrütze, ebd. S. 40), damit die Kinderaugen so gefesselt werden, daß sie dem Geschmackssinn nicht gleich funken «Ich sehe was, was du nicht willst...»

Ab und zu gelingt so etwas, meistens aber nicht. Dann wird den grünen Männchen eben doch nur der Tomatenhut abgeknabbert, und die Grünkerngrütze wird abends den Eltern in der Pfanne warmgebrutzelt.

Anspruch und Wirklichkeit vermengen sich immer wieder zu einer ungenießbaren Brühe, die allen den Appetit verdirbt.

Wer hat sie uns eingebrockt? Waren wir das wirklich selber? Oder waren es die neunmalklugen Ratgeber?

Probleme mit dem Essen – oder genauer gesagt: Probleme mit dem Nicht-Essen-Wollen! – sind geschichtlich gesehen neu und geographisch betrachtet eingegrenzt. Noch bis zum zweiten Weltkrieg dürften Eltern nur selten mit der Mäkeligkeit und der Widerborstigkeit der Kinder bei Tisch gekämpft haben. Das Nahrungsangebot war begrenzt, das Einkommen der meisten Familien auch. Krieg und Nachkriegszeit waren erst recht Zeiten des Mangels, und erst in den fünfziger und sechziger Jahren schwanden die Probleme der Nahrungsbeschaffung, um langsam den Problemen sinnvoller Nahrungsauswahl Platz zu machen.

Bei uns!

In vielen, wenn nicht den meisten Ländern der Erde ist die Nahrungsbeschaffung noch immer das vordringlichste Problem, dort brauchte ein Buch wie dieses wahrhaftig nicht geschrieben zu werden... Aber wir haben nun mal den Ärger mit dem Essen, wir können individuell nichts dafür und müssen irgendwie damit fertig werden.

Vor allem als Eltern.

Kaum daß die Kinder von Brust oder Flasche losgekommen sind, fängt der lange Weg vom symbiotischen Nahrungsstrom zur kul-

turell vermittelten Ernährung an, und der enthält Stolpersteine der verschiedensten Art.
Diese Stolpersteine zu erkennen und umgehen zu lernen, das möchte ich mit Ihnen in diesem Buch versuchen. Ich werde Ihnen dabei keine bestimmte Ernährungslehre nahelegen, ich werde Ihnen auch keinen neuen Knigge für den Familientisch bieten. Ein paar Gedanken über das Essen, die Sie vielleicht bisher noch nicht gedacht haben, ein paar Fragen, die Sie vielleicht noch nicht gestellt haben, ein paar Ideen, wie das Essen zu einem erfreulichen Familienmittelpunkt werden kann, das habe ich hier versucht aufzuschreiben.
Entstanden ist das Buch aus einer Familie heraus, in der vier Kinder zwischen sechs und sechzehn um den Tisch sitzen. Der Vater ist vollzeitberufstätig, ißt aber mittags daheim, ich baue meine Schreibtischarbeit in den Familienalltag zu Hause ein. Diese Situation hat sicherlich den Blickwinkel bestimmt, unter dem ich das Buch geschrieben habe. Haben Sie ein oder zwei Kinder, sind diese noch kleiner, sind beide Eltern voll berufstätig außer Haus oder sind Sie alleinerziehend, hätten Sie das Buch vielleicht ein wenig anders geschrieben. Aber ich denke doch, daß die allermeisten Gedankengänge für die unterschiedlichsten Familien zutreffen, und in diesem Sinne wünsche ich Ihnen guten Appetit bei der Lektüre!

Kapitel 1 **Einkaufen**

Sie wollen sich gleich zu Tisch setzen?
Schön wäre es! Aber ach, vor das Essen haben die Götter das Einkaufen gesetzt... Sagen wir: Die Götter der Neuzeit!

Das Einkaufen als eine Tätigkeit, die Grundversorgung mit Lebensmitteln im Haushalt sicherzustellen, ist eine historisch ziemlich junge Angelegenheit, obwohl es für uns das Normalste von der Welt zu sein scheint. Es ist eine Art, sich zu versorgen, die seit jeher von den Städten ausgegangen ist, wo viele Menschen zusammenwohnen, die selber aber keinerlei Lebensmittel erzeugen.
Ich selber kaufe nicht gern ein. Wenn ich dann in unserem Supermarkt stehe und auf meinen Einkaufszettel starre, dann fällt mir oft der Vogtsbauernhof im Schwarzwald ein.
Der Vogtsbauernhof ist ein Freilichtmuseum, ein ehemaliger großer Hof, in dem allerlei Vorrichtungen und Werkzeug ausgestellt sind, mit denen vor hundert Jahren ein Hof betrieben wurde. Da gibt es alles: eine Kornkammer, eine Ölpresse, eine Räucherkammer, Hühnerställe, Schweineställe, Kuhställe, Butterfässer, ein Backhaus. Im Winter war dieser Hof von der Außenwelt fast völlig abgeschnitten. Per Schlitten war er wohl unter Mühen erreichbar, aber mal schnell um die Ecke flitzen, um einen vergessenen Liter Milch zu holen, das war undenkbar.
Ich stelle mir den Alltag dort so vor, daß man zur Bereitung der Mahlzeiten eine Runde über den Hof machen mußte: einen Scheffel Mehl aus der Kornkammer holen, ein paar Liter Wasser aus dem Brunnen, einen Kopf Wirsing aus dem Hausgarten, vom Schinken aus der Räucherkammer wurden ein paar Scheiben abgeschnitten, vielleicht wurde noch ein bißchen Sahne vom letzten Melken abgegossen, ein paar Kräuter aus dem Garten dazu, und dann gab es Klöße mit Gemüse. Und bei allem wußte man, wie es erzeugt wurde und wer die Arbeit geleistet hatte.

Manchmal, sehr selten, gab es das auch an unserem Familientisch. Dann aßen wir im Herbst Kartoffeln aus dem Garten, selbst gezogene Bohnen, eigenen Salat und dazu einen Braten vom eigenen Schaf – jedesmal Grund genug, bei Tisch stolz darauf zu verweisen, daß alles von unserem «Haus und Hof» stammte.
Ein solches Erlebnis hat hierzulande kaum noch jemand. Es ist ja schon bemerkenswert, wenn man weiß, wer die Nahrung erzeugt hat, sei es der Bauer im Dorf oder der Gärtner, der auf dem Markt aus eigenem Anbau verkauft.
Es ist etwas grundsätzlich anderes, ob wir essen müssen, was da ist, oder ob wir völlig frei aussuchen können, was wir essen wollen. Sind unsere Kinder noch sehr klein, essen sie zunächst einfach das, was sie angeboten bekommen. Aber schon sehr bald wachsen sie in die Beschaffung der Nahrung mit hinein, und an diesem Punkt wird es für Kinder (auch für Erwachsene!) in unserer Supermarktkultur wirklich schwierig.
Sowohl die Kinder des Schwarzwaldbauernhofes als auch die Supermarktkids müssen lernen, mit den Einschränkungen umzugehen, die dem hemmunglosen Aufessen alles dort Vorhandenen entgegenstehen.
Auf dem Bauernhof ist das konkret. Der Kartoffelhaufen im Keller wird immer kleiner und muß noch für den Winter reichen, vom Wirsing steht nur noch ein Kopf im Garten, in der nächsten Woche muß geschlachtet werden, denn der Schinken ist bald aufgegessen. Von den leckeren eingelagerten Äpfeln möchte das Kind vielleicht gerne noch einen haben, aber leider ist keiner mehr da.
Im Supermarkt wird der Kartoffelhaufen nicht kleiner, das Gemüse liegt dort täglich zu Bergen aufgehäuft, und der Stapel geschnittenen Schinkens an der Wursttheke wird ständig aufgefüllt, wenn es an die letzten Scheiben geht. Die Beschränkung, die das Kind hier begreifen muß, liegt in dem Portemonnaie der Eltern, und das ist nun mal ein seltsames Ding.

Als Kind war es für mich klar: Geld kam aus dem Portemonnaie von Vater oder Mutter, und es war immer etwas darin. Nicht daß meine Eltern mit Geld hätten verschwenderisch umgehen können. Dieses wunderbare Portemonnaie spuckte durchaus nicht für jeden Wunsch die Taler aus. Aber die Wünsche waren auch gar nicht da, weder Fernsehen noch Werbung, noch das Riesenangebot eines Supermarktes weckte sie, und so lebte ich in dem sicheren Bewußtsein, daß, falls es nötig sei, das Portemonnaie der Eltern schon alles Nötige enthalten werde. Die Schokolade, die es mal gab, steckte in Vatis Hosentasche, oder der Zeppelin hatte sie in den Garten geworfen, die brauchte man schließlich nicht zu kaufen...

Sicher, das sind Erinnerungen an meine frühe Kindheit, später war ich dann nicht mehr so naiv. Aber das ist der Geisteszustand, in dem auch unsere kleinen Kinder noch leben, wenn wir sie durch unsere Einkaufszentren schleppen. Und ihnen dann zu vermitteln, daß man all das, was da so begehrenswert vor ihren Augen aufgebaut ist, nicht kaufen kann und will, das kann ein Kind höchstens akzeptieren, begreifen kann es das nicht. Geld hat die Mama doch genug, Butter und Käse kann sie doch auch bezahlen, warum nicht auch die Milchschnitte?

Hinter dieser Schwierigkeit, einem Kind solche Einschränkungen begreiflich zu machen, steckt ja noch ein viel tiefer liegender Unterschied zwischen Kindern und Erwachsenen, mit dem sicher auch das Kind auf dem Vogtsbauernhof zu kämpfen hatte. Kinder können vor ihnen liegende Zeiträume wenig bis gar nicht überblicken, je jünger sie sind, um so weniger. Der begrenzte Inhalt muß nämlich auf einen bestimmten Zeitraum aufgeteilt werden, genauso wie der Kartoffelhaufen im Keller des Bauernhauses.

Dieses Einteilen müssen noch lange die Eltern für die Kinder übernehmen. Selbst unser großer Jan mit seinen sechzehn Jahren sieht oft nicht ein, warum die Wurst im Kühlschrank liegt, wo er sie doch jetzt essen will. Meinen Einwand, daß ich sie für morgen aufheben will, findet er völlig absurd.

Ein weiterer Umstand macht es den Kindern schwer, ihre Wünsche nach all dem, was da im Laden vor ihnen aufgebaut wird, im Zaum zu halten.

Als Kind wurde ich oft von meiner Mutter zum Einkaufen geschickt. Ich ging zum Bäcker, zum Metzger, zum Fischmann, zum Gemüsemann, zum Kaufmann. In jedem Laden gab es eine Theke, hinter der stand ein leibhaftiger Mensch und hörte sich an, was ich von meinem Einkaufszettel ablas. Während dieser Mensch das Gewünschte herbeisuchte, betrachtete ich, was es da alles hinter dem Ladentisch gab. Da hingen wohl leckere Würste, da gab es ein großes Bonbonglas, da hingen Bananenbündel an Haken, und beim Bäcker breitete sich der köstlichste Kuchen hinter der Scheibe der Theke aus. Aber das war alles so weit weg, es gehörte ja dem Menschen dort hinter der Theke, und auf meinem Zettel stand es sowieso nicht. Es war einfach da wie die Blumen in Nachbars Garten, die durfte man auch nicht ungefragt pflücken.

In unseren Supermärkten sind dagegen die meisten Dinge dem direkten Zugriff ausgesetzt. Gäbe es eine Bedienung, wäre vor das Haben-Wollen ein Erwachsener gesetzt, eine Autorität, die eine gewisse Schwelle vor dem begehrten Gegenstand aufbaut.
Es gibt sie allerdings auch noch, die Möglichkeiten des «persönlichen» Einkaufens. Ganz ins Abseits gedrängt ist die Gemüsefrau noch nicht. Bei uns ist in der nahen Kleinstadt zweimal wöchentlich Markt, und der kleine «Käseladen» dort wäre ohne die Frau hinter der Theke nicht zu denken. Wer dieses Angebot nutzt, weil er Spaß daran hat und nicht auf die billigsten Angebote angewiesen ist, für den kann Einkaufen zum Vergnügen werden.

So für die Familie Jensen. Jeden Samstag ziehen Vater, Mutter und beide Kinder auf den Wochenmarkt, und dort wird eingekauft, was für die kommende Woche gebraucht wird. Die Lust der Eltern am Essen und am Einkauf, und die Abwesenheit jeden Zweifels am eigenen Ernährungsverhalten, überträgt sich so auf die Kinder, daß dieser allwöchentliche Einkaufsritus wirklich zu den Vergnügen im Familienleben zählt.

Gestern habe ich zwei Stunden mit einer Tüte Pommes Überlebenstraining gemacht!

Franziska Jensen: «Wir haben unseren Vorratskeller, und ich kaufe immer so ein, daß ich einmal oder zweimal aus den Vorräten kochen kann. Ich gucke auch, was ich noch brauche, die Vorräte werden regelmäßig aufgefüllt.
Aus Dänemark bringen wir spezielle Sachen mit, Hering z. B. und Makrelen in Tomate, Remoulade bringen wir auch aus Dänemark mit, auch Butter zum Einfrieren.
Supermarkteinkäufe sind weniger geworden, das ist Reis, Schlagsahne, Schmand, also Milchprodukte, aber Milch kaufe ich ja lose, im Käselädchen, und da kaufe ich auch meinen Käse.»

Wir sehen, Jensens machen den Einkauf der frischen Lebensmittel zu einem Familienereignis, und bei den haltbareren reduzieren sie den Aufwand auf ein Minimum durch geschickte Vorratshaltung – und damit kommen auch die Kinder gut zurecht.

Praxis: Einkaufen

Um den «Nervpunkt» Einkaufen im Familienleben zu entschärfen, gibt es verschiedene Strategien. Ich will Ihnen einige aufzählen, die sich bei uns und in den befragten Familien bewährt haben.

1. Versuchen Sie, möglichst ohne Kinder einzukaufen. Meist lassen sich im Alltag Lücken entdecken, in denen das möglich ist.
2. Machen Sie sich zu Hause einen Einkaufszettel, dann sind Sie doppelt so schnell fertig, als wenn Sie anfangen, im Laden nachzudenken.
3. Lassen Sie die Kinder im Laden «helfen».

Thekla Wehmeyer, Mutter von vier Kindern zwischen ein und sechs Jahren, hat klare Verhaltensweisen im Supermarkt.
«Wenn sie was wollen, dann kriegen sie es nicht. Von Anfang an habe ich mir gedacht, wenn du da einmal mit anfängst, daß du ihnen im Laden irgendwas gibst, wo sie nach quengeln, dann ist es aus. Das mache ich grundsätzlich nicht.
Andererseits, ich beziehe sie immer mit ein. Sie müssen nie ein-

fach nur ‹mit›. Dann heißt es: ‹Hier, lauf mal los und hol ein Stück Butter, und du läufst und holst das› oder ‹Halt das jetzt mal fest!›. Wir haben schon Diskussionen gehabt im Laden, wo sie sich direkt vor das Süßigkeitenregal gestellt haben: ‹Ich will das!›. Dann sage ich: ‹Das haben die dahin gebaut, damit du dich davor stellst und sagst *Ich will das*›, und dann finden die Kinder selber, daß es dumm ist. Gerade wenn ich ohne Einkaufszettel bin – ich bin eigentlich immer ohne Einkaufszettel –, und es ist etwas Dringendes, sage ich auch einem Kind:‹Bitte erinnere mich daran!›, und dann hat es diese Aufgabe ‹Ich muß Mama daran erinnern, sonst vergessen wir das!› Und dann ist es ganz stolz darauf, wenn wir es auch gekauft haben.»

4. Kaufen Sie etwas, was die Kinder gerne mögen (bei uns sind das z. B. Corn-flakes oder eine Melone), und lassen Sie die Kinder dieses Paket «tragen».
5. Wenn Ihre Kinder dazu neigen, nach Süßigkeiten zu quengeln, gestehen Sie ihnen eine einzige zu, die sie zwar mögen, aber sich nicht aussuchen dürfen. Wenn sie selbst aussuchen dürfen, kann es Ihnen passieren, daß sie noch fünfmal umtauschen oder eine halbe Stunde vor dem Regal stehen und sich nicht entscheiden können.
6. Sind die Kinder etwas älter, können Sie ihnen auch einen bestimmten Geldbetrag zugestehen, den sie selbständig ausgeben dürfen. Das ist, wie Taschengeld auch, eine kleine Übung für den Umgang mit Geld. Oder Sie achten von vornherein darauf, daß die Kinder ihr Taschengeld zum Einkaufen mitnehmen, dann können sie sich Wünsche erfüllen und spüren gleichzeitig, daß ein erfüllter Wunsch die Verwirklichung weiterer einschränkt.
7. Kaufen Sie, wann immer es möglich ist, bei Erzeugern ein, sei es auf dem Wochenmarkt, sei es bei einem Ausflug aufs Land, oder bei «Ferien auf dem Bauernhof». Kinder brauchen die Möglichkeit, sinnlich zu erfahren, wo ihr Essen herkommt, um ein vernünftiges Verhältnis dazu zu entwickeln.

8. Wenn Ihnen das nicht möglich ist, können Sie auch im Supermarkt beim Einkaufen oder am Familientisch von der Herkunft der Nahrungsmittel erzählen.

Ich erinnere mich, daß, wann immer es bei uns zu Hause Thunfisch gab, mein Vater von den Fischern erzählen mußte, die den Thunfisch gefangen haben. Die Geschichte war immer sehr spannend, es gab Sturm und hohe Wellen, und ich kann noch heute keinen Thunfisch essen, ohne nicht das Bild eines schwankenden Thunfisch-Trailers auf hoher See vor Augen zu haben. Leider habe ich selber nicht so viel Hochseewissen parat und die Einzelheiten der Geschichte vergessen, so daß ich sie meinen Kindern nicht weitergeben konnte. Und Geschichten von Kühen und Kartofteläckern brauchte ich nicht zu erzählen, da wir auf dem Land wohnen. Aber ich kann Ihnen versichern, wenn Sie Ihren Kindern zu ihrem Glas Milch die Geschichte von der Kuh Berta erzählen, die es immer so kitzelt, wenn der Bauer sie an ihrem Euter ziept und die sich alles mögliche ausdenkt, wie sie dem entkommen kann, werden sie nicht glauben, die Milch käme aus der Milchfabrik.

9. Das Allerbeste: Bauen Sie selbst etwas an! Und wenn es nur die Petersilie auf dem Balkon ist. Etwas zu säen, was man hinterher auch essen kann, das finden Kinder faszinierend, und Sie können es als Aufhänger benutzen, um den Kindern klarzumachen, daß auch die Tomaten aus dem Supermarkt irgendwo gewachsen sind. Oder probieren Sie es mit Cocktailtomaten in einem Kübel. Sie sind niedlich, klein, lecker und süß, Ihre Kinder werden begeistert sein!
Das Prinzip sollte sein, im Bewußtsein der Kinder das Entwurzelte Wurzeln schlagen zu lassen, das Abstrakte konkret zu machen. Ich denke, daß sie nur so lernen werden, unsere Konsumgesellschaft kritisch zu betrachten. Und wo das über Ihre Zeit und Ihre Nerven geht, halten Sie die Kinder von der Warenüberschwemmung fern, sie sind damit wirklich überfordert.

Kapitel 2 **Kochen**

Der Einkauf ist verstaut, Kühlschrank und Regale wieder gefüllt, nun kann das Kochen losgehen! Haben Sie Spaß daran?

> In den ersten Jahren unseres Zusammenlebens habe ich gerne gekocht. Es war ja auch neu, bis zu meinen Studententagen war ich von Mutter und Mensa versorgt worden, hin und wieder unterbrochen von gemeinschaftlich vorbereiteten Festgelagen. Das alltägliche Kochen, das erwartete mich erst, als ich mich allen studentischen Eskapaden zum Trotz für Ehe und Familie entschieden hatte.
>
> Neues habe ich ausprobiert und altes, mein Schulkochbuch aus den Zeiten der Hauswirtschaftslehre kam zu Ehren und jede Menge Kochbücher und -büchlein zur Bereitung von Vollwertkost und Vollkornbrot. Mein Mann überflügelte mich dabei oft noch an Ideen und liebevoller Zubereitung unserer zu zweit genossenen Mahlzeiten – heute mache ich kaum einen Finger krumm in der Küche, wenn «nur zwei» zum Essen da sind.

Das kommt vor, daß sich die Lust am Kochen abnutzt. Es muß nicht so sein, ich kenne viele Mütter, die aller Mäkelei der Kinder zum Trotz immer noch gern kochen.

Aber oft genug macht der Alltagstrott das Kochen irgendwann zur Last – schon wieder essen! Und oft genug ist es ja so, daß sich die Mutter mit jedem Essen, das sie kocht, herber Kritik aussetzt – und wer will schon gerne ständig für das Produkt seiner Arbeit kritisiert werden?

Dann versucht man eben, Gerichte zu kochen, die den Kindern schmecken, aber da gibt es meist wenig Auswahl. Man kann es schon als Kränkung empfinden: Da müht man sich ab, die Frikadellen mit allerlei Kräutern interessant zu würzen, sie duften auch herrlich auf dem Mittagstisch, und schon tönt der Schrei: «Wo ist das Ketchup?»

Ein Koch ist was wunderbares, der muß nicht alles selber essen!

Lohnt das die Mühe?
Solange man selber gerne ißt und es dem Partner schmeckt, spielt das Gemecker der Kinder vielleicht keine entscheidende Rolle. Ich denke, es hängt auch damit zusammen, wie viele Esser am Tisch sitzen, und zwar seltsamerweise nicht die absolute Zahl, sondern die prozentuale Zusammensetzung der Genießer und der Nörgler. Wenn eine Familie mit einem Kind bei Tisch sitzt, und es schmeckt den Eltern, dem Kind aber nicht, dann ist das ärgerlich, aber das Gericht bleibt auf dem Essensplan der Familie. Was bei uns zweien schmeckt, das schmeckt aber vieren nicht, und das wird nicht mehr gekocht.
Welche Faktoren sind nun für diese Abnutzungserscheinungen eigentlich verantwortlich?
Zum einen sicherlich die Routine. Alles, was man häufig tun muß, wird irgendwann langweilig, und vermutlich wird das Kochen denjenigen am ehesten zum Halse heraushängen, die gezwungen sind, die Palette ihrer Kochkunst auf wenige Gerichte zu beschränken.
Aber auch, wenn es eigentlich Spaß macht, kostet Kochen Zeit, ziemlich viel Zeit sogar. Und Eltern haben nicht viel Zeit, vor allem wenig Zeit für sich selbst. In vielen Familien, die ich zu ihren Eßgewohnheiten befragt habe, spielte der Zeitfaktor eine große Rolle bei der Auswahl der Gerichte. Mittags, wenn vielleicht Zeit zum Kochen da wäre, ist oft nicht die ganze Familie beisammen, da werden eher die kleinen «Kindergerichte» angeboten. Und abends sind alle müde, die Kinder quengelig, da hat auch keiner mehr Lust zum Kochen.
Es ist auch durchaus riskant, in der Gegenwart vor allem kleinerer Kinder nach Rezepten zu kochen, die ein gewisses Timing erfordern. Denn mit Sicherheit muß gerade dann eines aufs Klo, wenn eben der Braten abgelöscht werden muß, und wenn man die Sauce rührt, reißt ein Kind dem anderen den Teddy aus dem Arm, schon wird die Sauce klumpig. Und wenn man schließlich auftragen will, stellt man fest, daß zwar die Salatsoße fertig, der Salat aber noch nicht geputzt ist, das hat man glatt vergessen, weil zwischendurch eine Saftpfütze aufgewischt werden mußte.

Das nächste Mal gibt's dann doch lieber wieder Pfannkuchen.
Mit den Jahren wird auch der Sisyphuscharakter der Kocherei immer deutlicher. Um wieviel schneller ist alles aufgegessen, als es gekocht wurde! Verschwindet doch summa summarum die Mühe von Jahren in den Mägen der Familie, und wenn man auch sehr wohl weiß, daß sie längst nicht mehr existieren würde, wenn man sie nicht gefüttert hätte – weg ist weg.
Wie läßt sich dieser Kochfrust nun am ehesten bewältigen? Hier ein paar Tips, die diejenigen, die noch gerne kochen, ruhig überschlagen können:

1. Beobachten Sie, was Ihre Familie gerne ißt, und legen Sie sich eine kleine Rezeptkartei mit Familienrezepten an. Das Aufschreiben lohnt, denn oft ist man in seiner Kochunlust so vernagelt, daß einem selbst die allseits beliebten Gerichte nicht mehr einfallen.
2. Machen Sie sich einen Wochenplan. Es klingt bürokratisch, ich vergesse es auch meist. Und ich bin jedesmal wieder überrascht, wie hilfreich er ist, wenn ich es geschafft habe, einen aufzustellen. Eine Woche lang von der täglichen Frage befreit zu sein: «Was soll ich denn heute nur wieder kochen?», das bewahrt vor vielen Grollgefühlen.
3. Ihr Plan wird noch besser werden, wenn Sie es schaffen, ihn mit den Kindern zu besprechen. Dann können Sie Wunschgerichte berücksichtigen und sich im Gegenzug Toleranz gegenüber weniger geliebten Speisen ausbitten. Ich habe das einmal geschafft, die Kinder waren begeistert, die Woche lief prächtig – aber die Disziplin, das beizubehalten, die hatten wir nicht. Vielleicht haben Sie sie.
4. Machen Sie einen solchen Plan nicht, wenn Sie satt sind. Der Ratschlag mag albern klingen, aber ich habe schon oft genug an mir beobachtet, daß meine ohnehin gebremste Lust am Kochen gegen Null geht, wenn ich vollgegessen bin. Dann fällt mir wirklich gar nichts ein und ich bin nur ärgerlich auf diese tägliche Pflicht. Aber wenn ich Lust auf Essen habe, dann habe ich auch Lust auf Kochen, dann kommen die Ideen in guter Laune daher.

Ich hab dir ein dickes Kochbuch gemacht, Mama, mit allem, was ich nicht esse!

Kochen mit Kindern

Aber warum überhaupt übers Kochen grollen – hat man doch so eifrige Helfer!
«Kann ich mitmachen?» – hören Sie das auch so oft? Und sind Sie immer begeistert über dieses großzügige Hilfsangebot?
Ich gestehe es, ich bin nicht immer begeistert.

Es soll Bratkartoffeln geben, Rührei und Salat. Die Kartoffeln sind ein Rest, sie müssen noch in Scheiben geschnitten werden, die Eier müssen aufgeschlagen und verquirlt werden, der Salat gewaschen und angemacht. Ich nehme gerade das Küchenmesser zur Hand, da trappelt es schon hinter mir «Ich will da rauf!»
O je, ein Blick auf die Uhr, in einer halben Stunde soll alles fertig sein. Ein Blick auf das bettelnde Kindergesicht – na gut. Schwupps, sitzt Nora auf der Arbeitsplatte, Schuhe aus, sie schiebt mit ihrem Po Topfdeckel und Salatsieb zur Seite, und es kann losgehen.
«Ich brauche auch ein Messer!» Also wird eine Schublade aufgezogen, kein zweites Messer drin, ich suche im unabgewaschenen Geschirr, na bitte, da ist eines.
Nora sucht in den Kartoffeln. «Ich will die kleinste zerschneiden!» Sie wühlt die kleinste Kartoffel unten aus der Schüssel hervor, worauf prompt eine der größten über den Rand und auf den Boden rollt. Ich bücke mich und halte die Kartoffel kurz unter den Wasserhahn. Inzwischen hat Nora ihre «Winzkartoffel» in hauchdünne Scheiben zerschnitten, was diese mit einem Auseinanderfallen in Kartoffelkrümel quittiert hat.
«Wie soll ich denn die noch braten?» frage ich. «Ach, die esse ich gleich!» sagt sie und schiebt sich die Krümel in den Mund. «Iiiih, meine Finger!» Kartoffelkrümel sind pappig. «Einen Lappen!» Ich fische einen Lappen aus der Spüle, wische ihr die Finger ab. Sie wendet sich der Schüssel zu, um die nächstgrößere Kartoffel zu angeln. Ich schnappe mir ebenfalls eine, schnippele sie in Schei-

ben, die nächste, die nächste... «Die will ich haben! Die sieht so lustig aus!» Also bitte, ich überlasse ihr die komische Kartoffel, die restlichen zwei bleiben mir, geschafft.
Ich stelle die Pfanne auf den Herd, zünde die Gasflamme, schneide ein Stück Butter ab und will es in der Pfanne schmelzen.
«Das will ich machen!» Genüßlich schiebt Nora mit der Messerspitze den Butterklumpen in der Pfanne umher und beobachtet fasziniert, wie ein immer kleinerer Butterberg auf einem immer größer werdenden Buttersee schwimmt.
«Vorsicht, die Kartoffeln!» Ich kippe die Kartoffeln in die Pfanne, es brutzelt los. Nora schreckt ein bißchen zurück, ich verteile die Kartoffelscheiben möglichst gleichmäßig. Davor hat sie Respekt, das darf ich machen, sie weiß schon, es könnte spritzen.
Aber Eier aufschlagen, oh, welches Vergnügen! Mit einem Seufzer schaue ich auf die Uhr und schiebe ihr Eierkarton und Schüssel hin. Erst einmal muß sie zählen, richtig, acht Eier sind im Karton und sollen in die Schüssel. Das erste schlägt sie an den Schüsselrand, aber zart, sehr zart.
«So wird das nichts, du mußt schon etwas fester schlagen!»
Batsch, da liegen Ei und Schale zerschmettert neben der Schüssel, das Eiweiß bahnt sich schon einen Weg in Richtung Tischkante.
Ich halte die Schüssel unter die Eiweißquelle, die von der Platte zu tröpfeln beginnt und wische mit der bloßen Hand Schale samt Schlabberei hinein; ab damit in die Spüle. Schüssel ausspülen, Hände waschen, Arbeitsplatte abwischen, neues Ei aus dem Kühlschrank holen...
«Darf ich jetzt mal?» Sie erlaubt es mir gnädig. Noch fünfzehn Minuten.
Nun sind die Schalen im Komposteimer und ihr Inhalt in der Schüssel. «Ich will rühren!» Und zwar mit Schwung. Schwapp, die Eierpampe schwingt sich aus der Schüssel auf Noras Hose.
Wo ist der Lappen?
Noch zehn Minuten.

Soll ich weitererzählen? Ich vermute, Ihre Phantasie reicht aus, das selber zu erledigen. Das Essen steht natürlich nicht pünktlich auf dem Tisch, aber Nora ist hochzufrieden. Hat sie doch einen großen Anteil am Gelingen der Mahlzeit!

Die meisten Kinder kochen gerne. Je kleiner sie sind, um so lieber. Kochen ist eine Tätigkeit, bei der, im Gegensatz zu den meisten anderen Hausarbeiten, auch das Ergebnis für die Kinder von Bedeutung ist.

Putzen ist auch etwas Feines, aber da spielt weniger der saubere Fußboden eine Rolle als die schöne Wasserplanscherei. Beim Bettenmachen kann man so schön auf den Betten herumspringen, beim Einkaufen kommt man an dem Kaugummiautomaten vorbei – aber ergebnisorientiert ist das alles nicht.

Kochen ist da um einiges begreiflicher. Aber begriffen hat es so ein kleiner Kinderkopf darum noch lange nicht. Ein kleines Kind glaubt tatsächlich, wenn es im Topf rührt, dann kocht es Suppe, wenn es Plätzchen aussticht, dann backt es Plätzchen, wenn es Kirschen auf den Kuchen legt, dann hat es selber den Kuchen gebacken. Die eindrucksvollste Tätigkeit in der ganze Reihe der notwendigen Verrichtungen nimmt es wahr, hält es für das Ganze und will es nachahmen.

Natürlich nicht nur beim Kochen. Ein Kind, das das Gestell eines Einkaufsrollers über den Rasen schiebt und dazu brummt, ist überzeugt davon, daß es den Rasen mäht, etwas anderes tut der Vater schließlich auch nicht.

Kinder lernen von außen nach innen. Sie sehen Bewegungen, die die Erwachsenen ausführen, sie registrieren in etwa die Form der Geräte, die sie benutzen, und sie glauben, wenn sie sich auch so bewegen, dann machen sie dasselbe. So wie man bei einem Photoapparat ein Motiv scharf einstellt, lernt das Kind erst langsam die klare, scharfe Sicht auf das, was Erwachsene tun. Dieser Prozeß dauert lange, noch ein Jugendlicher ist kaum in der Lage, die ganze Komplexität dessen wahrzunehmen, was die Erwachsenen in seiner Umgebung zu bewältigen haben.

Aber bei wenigen anderen Tätigkeiten, die Kinder nachahmen, geraten sich Original und Kopie so in die Wege wie beim Kochen. Wenn das Kind im Topf gerührt hat, will es schließlich auch die Suppe essen, und solange es noch nicht in dem Alter ist, in dem es die ganze Kette der nötigen Handlungen ausführen kann, sind die Erwachsenen gefragt.

Nach meiner Erfahrung geht das beim Kochen ungefähr so:

Kinder *bis zum Kindergartenalter* sind zufrieden, wenn sie Bewegungen nachahmen dürfen. Das ist in erster Linie rühren, schütten, Knöpfe drücken an Küchenmaschinen.

Vorschulkinder können schon schneiden, Teig formen, der sich dann so wirklich backen läßt, Eier aufschlagen, eine Küchenmaschine tatsächlich bedienen, nach Anleitung holen sie auch schon Zutaten herbei und räumen sie wieder weg – wenn man es ihnen sagt. Von selber sehen, daß das nötig ist, können sie in der Regel noch nicht.

Grundschulkinder können einfache Rezepte einschließlich des Herholens und Abwiegens der Zutaten selber ausführen, das Wegräumen und Abwaschen braucht auf jeden Fall die Aufforderung eines Erwachsenen und wird nur unter Knurren erledigt. Das ist ja auch ganz klar: Das Ziel war, etwas zu kochen, dazu braucht man schließlich Mehl und Milch. Das Ziel war schließlich nicht, bei der Zubereitung des Abendbrotes ein paar Stunden später eine aufgeräumte Küche vorzufinden, das hat mit den Plänen der Kinder nichts zu tun und hält am Ende nur von dem ab, was man eigentlich wollte, nämlich die selbstgebackenen Waffeln zu verzehren.

Ältere Schulkinder haben dann schon eine gewisse Einsicht darein, daß am Ende des Kochens wieder aufgeräumt werden muß. Gern tun sie es immer noch nicht. Die Lust daran, in der Küche kein Chaos zu verbreiten und am Ende in einer blankgewischten Küche eine lecker belegte Pizza dampfen zu sehen, die bleibt – nicht einmal allen! – Erwachsenen vorbehalten

Wenn man sich von Kindern echte Hilfe verspricht, dann wird man meist enttäuscht. Kochen mit Kindern dauert länger, als wenn man allein kocht.

Aber wenn Erwachsene Zeit und Muße haben, sich auf das Kochen mit Kindern einzulassen, gibt es kaum etwas Schöneres, was sich gemeinsam mit Kindern tun läßt. Wenn Sie Ihre Kinder fragen, ob sie mit Ihnen ein Spiel spielen oder ob sie mit Ihnen einen Pudding kochen wollen, dann wird in den meisten Fällen der Pudding gewinnen. Vorausgesetzt, sie haben die Erfahrung gemacht, daß der Erwachsene sie bei ihren Küchenexperimenten geduldig begleitet und nicht vor lauter Ungeduld doch alles selber macht!

Warum? Kochen ist eine Tätigkeit, bei der die Kinder direkt in die Welt der Erwachsenen einbezogen werden. Nicht der Große begibt sich in die Welt der Kleinen, sondern die Kleinen in die Welt der Großen.

Es gibt wenige Bereiche des Erwachsenenlebens, in denen es so leicht möglich ist, Kinder mit einzubeziehen, darum ist es auch so begehrt. Und tatsächlich ist es ja auch ein Bereich, den sich Große und Kleine teilen – essen müssen schließlich alle.

Gemeinsam kochen ist auch eine wunderbare Gelegenheit, miteinander über verschiedenste Dinge zu sprechen: darüber, wo die Zutaten herkommen, was mit ihnen beim Kochen passiert («Das Eiweiß wird steif vor Schreck in der Hitze!»), was mit den Nahrungsmitteln im Körper geschieht («Die Blutmännchen tragen das in deine Beine, damit du ganz schnell laufen kannst!»).

Angeblich soll gemeinsames Kochen auch dazu beitragen, daß Kinder Dinge lieber essen, wenn sie beim Zubereiten mitgewirkt haben und man ihnen so ungeliebte Speisen näherbringen kann. Ich habe das einmal versucht, mit einem Auflauf. Auflauf mögen meine Kinder nämlich nicht, dieses Durcheinander von Zutaten ist ihnen verdächtig. Das Aufschichten in der Auflaufform hat ihnen auch mächtig Spaß gemacht – gegessen haben sie den Auflauf trotzdem nicht.

Vielleicht klappt das bei Ihnen, probieren sollten Sie es ruhig einmal.

Aber so viele Chancen für Gemeinsamkeiten das Kochen mit Kindern auch bietet, manchmal ist es einfach lästig. Wenn man selbst schon angestrengt ist, gibt es beim gemeinsamen Kochen noch so viele zusätzliche Hürden zu überwinden, daß sich manche Mutter und mancher Vater dabei an den Rand des Wahnsinns getrieben fühlt.

Da ist die Unordnung. Kinder legen keinen Gegenstand dort wieder hin, wo sie ihn hergenommen haben, und sie stehen immer genau da, wo man selber gerade hintreten will.

Da ist die Schwierigkeit, die Kinder bei der Stange zu halten. Wenn sie das Mehl in die Schüssel geschüttet haben, müssen sie natürlich erst einmal einen Weg ins Gebirge ziehen, wenn sie Pfannkuchen backen, dann müssen das ganz winzige sein oder solche mit Ohren oder Hakennasen; wenn sie mit dem Schälmesser Mohrrüben schälen, dann macht es solchen Spaß, eine Mohrrübe komplett in lauter Streifchen zu zerlegen, dafür aber die anderen ungeschält liegen zu lassen, daß der Erwachsene eine Engelsgeduld braucht, um das noch erheiternd zu finden.

Und dann klappt natürlich auch nicht alles. Das aufgeschlagene Ei platscht neben die Schüssel, das Schälchen mit den Nüssen kippt um, und die Nüsse rollen quer durch die Küche, der mit Hingabe gewaschene Salat knirscht noch immer zwischen den Zähnen, der Pudding wird klumpig und brennt auch noch an, weil das Kind im entscheidenden Moment aus dem Fenster schaut und dem Freund auf der Straße zuwinken muß.

All das bedeutet, daß man in dem inneren Plan, den man sich zurechtgelegt hat, immer wieder unterbrochen wird. Nach solchen Unterbrechungen wieder und wieder in diesen inneren Plan zurückzufinden, das kostet Mühe und Konzentration. Hat man Zeit und gute Laune, gelingt das leicht – aber wer hat schon immer Zeit und immer gute Laune?

Wobei die gute Laune das wichtigere von beidem ist. Geht es mir gut, kann ich es lächelnd verkraften, wenn mir die winzigen Pfannkuchen der Tochter Pfannenplatz und Zeit stehlen. Bin ich aber ohnehin schon mit den Nerven am Ende, könnte ich fünf Stunden Zeit haben und würde mich trotzdem über die Pfannküchlein ärgern, die eher dem Spieltrieb als der Versorgung der Familie mit einem Mittagessen dienen.

In solchen Situationen versuche ich, die Kinder an einem Punkt zu packen, den sie, wenn auch maulend, nachvollziehen können: Ich weise sie darauf hin, daß es ihnen selbst doch auch sehr oft wichtig ist, Dinge allein zu machen und daß sie es dann gar nicht leiden können, wenn ihnen ein Erwachsener dazwischenfunkt. «Jetzt möchte ich auch einmal etwas alleine machen, das müßtest du doch verstehen!»

Das funktioniert nicht immer, jedenfalls bei mir nicht, weil meine Kinder sehr genau wissen, wie nachgiebig ihre Mutter ist. Aber es funktioniert, je resoluter Sie sind, um so besser. Und mit dem Satz «Ich möchte auch einmal etwas alleine machen!» haben Sie nicht so bedenkliche Argumente gebraucht wie «Das kannst du noch nicht!» oder «Bei dir geht alles zu langsam!» oder «Das ist zu gefährlich für dich!» Es ist eine Botschaft, die etwas über Sie aussagt, nämlich daß Sie auch einmal Lust haben, die fertige Mahlzeit als Ihr Werk anzusehen. Sie sagt nicht, daß Sie nie Lust haben, mit dem Kind zusammen zu kochen, und sie entmutigt auch nicht das Kind, denn über seine Fähigkeiten wird überhaupt nicht gesprochen.

Praxis: Kochen mit Kindern

1. Sehen Sie zu, daß es in Ihrer Küche ein kippsicheres, nicht zu kleines Fußbänkchen gibt, das sich das Kind an die Arbeitsplatte rücken kann. Den ganz großen Überblick verschafft das den Kindern zwar auch nicht, vor allem weil es ortsgebunden ist, aber ohne das geht gar nichts.
2. Ist Ihre Arbeitsplatte groß genug, können Sie dem Kind auch die Schuhe ausziehen und es auf die Platte setzen, das ist eine Frage des Platzes, der Nerven und der Chaostoleranz.
3. Ein kleines Tischchen, in die Mitte einer großen Küche gestellt, ist eine wunderbare Lösung für alle Beteiligten. Dort können Gurken geschnippelt und Teig geknetet werden, ohne daß sich der Erwachsene an seinem Arbeitsplatz gestört fühlt.
4. Wo kein Tischchen vorhanden und der Platz zu knapp ist, tut's

auch ein großes Brett auf dem Küchenfußboden. Wir besitzen zwei solcher großen Bretter, die wir vor Jahren in einer Blitzaktion zum Plätzchenausstechen aus Resten gesägt haben, mit zwei Leisten darunter, damit sie sich nicht verziehen – Sie glauben nicht, was diese Bretter auf unserem Küchenboden schon alles erlebt haben. Wenn's mal schmierig wurde, z. B. beim lustvollen Einsatz von Schokoladenguß, dann habe ich noch eine große Wachstuchdecke untergelegt, um den unweigerlich folgenden Großputz zu vermeiden. Es ist auch sehr nützlich, genau so viele Bretter wie Kinder zu besitzen, dann können Teigklumpen oder zu schnippelndes Gemüse gerecht verteilt werden, die Grenzen sind klar, der Streit bleibt aus.

5. Binden Sie sich und den Kindern eine Schürze um. Die Großmütter würden diesen Ratschlag wahrscheinlich überflüssig finden, weil sie das sowieso tun, aber in unserer Generation ist das nicht unbedingt üblich. Es reduziert die Nervosität, wenn Sie nicht ständig danach schielen müssen, ob es wieder einen frischen Fettfleck gegeben hat.
6. Lassen Sie die Kinder ruhig mit dem Messer hantieren – mit der Betonung auf «ruhig»! Ich habe oft beobachtet, daß die Kinder gerne etwas in Angriff nehmen, was sie nicht in jedem Fall bewältigen können. Ich lasse sie probieren, und in den meisten Fällen heißt es bald: «Das mußt du machen!», und ich bekomme das Küchenmesser in die Hand gedrückt. Hätte ich das vorher besserwisserisch angekündigt, wäre der Krach unvermeidbar gewesen.
7. Beobachten Sie, was die Kinder beim Kochen gerne naschen. Bei uns hat das dazu geführt, daß es Gemüse weitgehend auch bei Tisch in roher, handlicher Form gibt: Möhrenstücke, Gurkenscheiben, Tomatenschiffchen. Ich kenne auch Kinder, die aufgrund solcher Beobachtung die Möhren als Streifchen vom Schäler serviert bekommen, weil sie sie beim Schälen gleich vollständig auf diese Art «weggeputzt» haben.

Praxis: Kochen ohne Kinder

Haben Sie entschieden, daß Sie die Kinder nicht beim Kochen dabeihaben wollen, sehen Sie zu, möglichst dann zu kochen, wenn sie es nicht bemerken. Das ist natürlich nicht immer zu machen, aber ein kleiner Gedanke im voraus, wann sich eine solche Lücke findet, kann sich lohnen.
In solchen Situationen ist auch ein kleiner Vorrat vorgekochter Gerichte in der Kühltruhe nützlich – aber das wissen Sie selbst.
Oder ein Blitzgericht: Grießbrei, überbackene Käsebrote, Nudelsuppe. Da Kinder meist anspruchslos sind, was die Raffinesse der angebotenen Speisen betrifft, habe ich mit solchen Essensentscheidungen schon viele Situationen entschärft, in denen Zeitmangel und Nervosität die drohenden Wolken eines Chaosgewitters schon heraufbeschworen hatten. Und dann die Kinder selber Grieß oder Nudeln in den Topf schütten zu lassen, das bringt man meist auch noch unter Anspannung fertig.

Für gute Tischsitten ist es *nie* früh genug!

Kapitel 3 Die Mahlzeit am Familientisch

Endlich ist es soweit, die Mahlzeit ist zubereitet, der Tisch ist gedeckt, die Familie versammelt sich.
Diese Situation, die sich Tag für Tag wiederholt, ist einerseits so «normal», daß man eigentlich nicht weiter darüber nachdenkt. Andererseits passiert dabei so viel, daß sich die Vielfalt dessen, was da bewußt und unbewußt geschieht, hin und wieder zu wahren Wirbelstürmen aufschaukelt.

Was sich am Familientisch abspielt

Zuallererst geht es natürlich darum, etwas zu essen. Die optimalen Bedingungen dazu wären Ruhe und Zeit zum gründlichen Kauen, Schlucken und Spüren, ob man satt ist oder was man noch braucht. Aber es möchte doch jeder etwas erzählen! Die Voraussetzung dafür ist zum einen, daß man nichts im Mund hat, und zum anderen, daß die anderen still sind. Das erstere wird durch die Tätigkeit des Essens erschwert, das letztere durch das Mitteilungsbedürfnis der anderen Familienmitglieder.
Das sind die sichtbaren und hörbaren Vorgänge beim Essen, und schon diese allein können eine Menge Verwirrung stiften. Aber während des Essens und Erzählens spielt sich ja noch allerlei ab, was nicht so unmittelbar auf der Hand liegt.
Da werden am Familientisch Beziehungen ausgehandelt. Wer darf zuerst reden? Wem hören alle zu, wer muß um Gehör kämpfen? Wer bekommt beim Essen die besten Stücke? Wer darf essen, was er will? Wer muß essen, was er soll? Wer kann mich zwingen? Wen kann ich zwingen?
Diese Machtstrukturen bilden sich natürlich auch in anderen Phasen des Tagesablaufs, aber beim Essen sind sie mit dem elementaren Beziehungsangebot des Einverleibens von Nahrung verbunden

und darum besonders intensiv. Wenn die Balance der Beziehungen in der Familie auch beim Essen reibungslos gewahrt werden soll, dann erfordert das eine große Ausgeglichenheit der Familienmitglieder. Wer aus dem Lot gebracht ist, sei es durch frustrierende Erlebnisse in der Schule oder am Arbeitsplatz, sei es durch Beziehungsschwierigkeiten innerhalb der Familie, der kann durch seine Versuche, sich bei Tisch für das erlittene Ungemach schadlos zu halten, eine Menge Unruhe stiften.

Während der Mahlzeiten geht es aber nicht nur um Ernährung und Familienbalance. Gerade beim Essen werden den Kindern eine Unmenge kultureller Wertvorstellungen und Verhaltensweisen vermittelt, die weit über das Verbot hinausgehen, unter dem Tisch mit den Beinen zu schaukeln.

Wir halten es für ganz normal, daß man eine Kartoffel mit der Gabel ißt, daß die Suppe auf den Löffel gehört und nicht direkt vom Teller geschlürft wird, daß wir nicht direkt vom Kotelett abbeißen, sondern Bissen für Bissen mit dem Messer abschneiden. In Wirklichkeit ist das gar nicht «normal», es ist eine historisch gesehen ziemlich neue Art des Essens. Noch im Mittelalter gab es keine Gabeln, feste Nahrung wurde mit der Hand zum Mund geführt. Mit dem Löffel, den jeder selbst mit an den Tisch brachte, tunkte man in eine gemeinsame Schüssel, ein Messer brachte man auch selbst mit und säbelte damit Stücke vom Braten – von einem zierlichen Zerlegen bereits geschnittener Fleischscheiben konnte keine Rede sein. Beim Essen wurde geschmatzt und gerülpst und die Hand am Ärmel abgewischt – Verhaltensweisen, die wir bei unseren Kindern angeekelt kritisieren. (Elias, 1976)

Was hat da eigentlich stattgefunden? Was ist das für ein gesellschaftlicher Prozeß, den unsere Kinder nachvollziehen müssen? Schlagwortartig könnte man es eine «Entsinnlichung des Essens» nennen. Zwischen Hand und Nahrung schiebt sich ein metallener Gegenstand, die kreatürlichen Begleiterscheinungen des Essens wie Schmatzen und Rülpsen werden unterdrückt oder verborgen. Auch das soziale Teilen findet nicht mehr direkt statt, indem man von einem Braten ißt oder aus einem Topf löffelt, sondern jeder hat seinen Teller vor sich, auf den er seine Portion zugeteilt bekommt. Die Zunge, dieses leckende, schmeckende Körperteil, soll möglichst verborgen bleiben, Finger werden nicht abgeleckt, nach Möglichkeit gar nicht erst «beschmutzt» (wieso eigentlich «beschmutzt» – ist Bratensoße vielleicht Schmutz?), sondern an gesondert dafür bestimmte Tücher gewischt. Das Ziel: Möglichst nichts außer dem unmittelbaren Mundinneren soll mit den Speisen in Berührung kommen, nicht einmal den Lippen darf man ansehen, daß jemand etwas gegessen hat.

Die Begründung, die wir vordergründig dafür parat haben, ist die Hygiene. Viren und Bakterien könnten sich über das Essen verbreiten. Das ist so wahr, wie es falsch ist. Der enge Kontakt, den wir in Familien miteinander haben, läßt die Mikroben fröhlich von einem zum anderen hüpfen, auch wenn wir nicht gegenseitig die Löffel ablecken. Die berühmte Tröpfcheninfektion, die natürlich auch über den abgeleckten Löffel stattfinden kann, die findet ihren Weg auch durch die Luft.

Hier ist noch etwas anderes im Spiel als nur die Hygiene. Denn gäbe es sonst einen Sinn, daß Vater und Mutter sorgfältig darauf achten, bei Tisch nicht denselben Löffel zu benutzen, sich aber nach genossenem Mahl ein zärtliches Küßchen geben – oder gar einen hingebungsvollen Kuß?

Die Vermischung von «Körpersäften» ist etwas, das in unserer Kultur mit höchstem Mißtrauen betrachtet wird. Das hat seinen Grund sicherlich in der Beobachtung, daß enger Körperkontakt mit der Verbreitung von Krankheiten zu tun hatte, aber es geht in seiner Ausprägung weit über das hinaus, was zur Vermeidung von Infektionen notwendig wäre. Die Entwicklung der bürgerlichen Tischsitten lief parallel zu der Differenzierung der bürgerlichen Wohnung in Funktionsräume wie Schlafzimmer, Wohnzimmer, Kinderzimmer und Arbeitszimmer. Es wurde beim Wohnen wie beim Essen nicht mehr «alles in einen Topf geworfen». Wer möchte, kann auch noch darüber nachdenken, ob das mit der zunehmenden Arbeitsteilung im Verlauf der Industrialisierung zu tun haben könnte...

Welchen Sinn haben nun Tischsitten und Tischriten? Claude Lévi-Strauss hat in einer breit angelegten Untersuchung Unmengen von überlieferten Sagen und Mythen sogenannter Naturvölker auf ihre Aussagen über das Essen untersucht (Claude Lévi-Strauss, The Origin of Table Manners, New York, 1987). Und dabei kommt er zu dem verblüffenden, aber auch einleuchtenden Schluß, daß viele rituelle Handlungen und Tabus rund um das Essen nicht etwa dazu dienten, die Menschen vor sozialem Chaos beim Essen zu schützen, so wie wir heute unsere Tischsitten rechtfertigen würden, sondern sie waren eine Art Beschwichtigung der Natur gegenüber, um sich von dem Unrecht zu reinigen, das man ihr angetan hatte, indem man ihr die Nahrungsmittel entnahm.

So befremdlich das zunächst klingt, beim zweiten Blick macht es Sinn. Wer Tag für Tag erfährt, daß er andere Lebewesen tötet, um sie zu essen, und wer das mit Bewußtsein tut wie der Mensch, der kann schon vom schlechten Gewissen geplagt werden. Zumal wenn Menschen in dem Weltbild leben, daß alles um sie herum von Geistern beseelt ist. Dann ist es doch nur einleuchtend, daß die Geister des sie umgebenden Lebendigen in Zorn geraten und den Menschen aus Rache Böses zufügen, wenn er immer wieder plündernd und mordend in die Natur eingreift.

Es gibt auch bei uns Elemente dieser Beschwichtigung, wenn auch sehr verdeckt. Ich denke, unsere Tischgebete haben etwas damit zu tun. Es gibt ein Grundgefühl bei Menschen, daß man, wenn man ein Geschenk erhalten hat, in der Schuld des Schenkers steht. Das mindeste, was man tun kann, sich dieser Schuld zu entledigen, ist, sich zu bedanken. Sie kennen das Gefühl sicher auch, daß man bei Empfang eines Geschenks schnell anfängt, darüber nachzudenken, welche Gegengabe demnächst fällig ist? Das Gefühl, in jemandes Schuld zu stehen, ist einfach unbehaglich, und es scheint kulturübergreifend vorhanden zu sein.

Nun setzen wir uns an unseren Mittagstisch und sprechen ein Tischgebet – ist das nicht etwas Ähnliches? Und wenn wir Erntedankfest feiern? Wir wollen die Gaben der Natur nicht mit brummender Selbstverständlichkeit abschleppen, sondern irgend jeman-

dem mitteilen, daß wir uns bewußt sind, etwas empfangen zu haben, was uns nicht einfach so zusteht.
Dieser Akt des Dankens verliert in einer Welt, in der das Essen aus dem Supermarkt kommt und nicht vom Feld, allmählich an Sinnfälligkeit und ist folgerichtig im Aussterben begriffen. Ob wir das als Verlust betrachten wollen oder als Abwerfen von überflüssigem ideologischen Ballast, das muß jeder für sich selbst entscheiden. Ich denke, es ist schon ein Verlust, der aber nicht durch mechanisches Wiedereinführen eines Tischgebets wettgemacht werden kann. Vielleicht genügt es für den Anfang, sich bewußtzumachen, daß dieses Beschwichtigungsbedürfnis des Menschen gegenüber der Natur seit Tausenden von Jahren besteht und daß es tatsächlich ein Grundgefühl des Menschen gibt, sich an der Natur schuldig zu machen und sich dafür zu «entschuldigen».
Unsere Tischsitten haben natürlich neben dieser inzwischen kaum noch wahrnehmbaren mythischen Funktion schlicht und einfach den Sinn, soziales Chaos bei Tisch zu vermeiden. Es wird geregelt, wer wieviel bekommt, wer zuerst etwas bekommt, daß körperliche Rüpeleien unterbleiben, daß nicht nach dem Essen Großputz und Waschtag stattfinden müssen, daß jeder, der etwas zu sagen hat, dazu Gelegenheit erhält.
Und da ist die Erkenntnis der eigenen Grenzen. Die Kinder sollen für sich essen, von ihrem Teller, mit ihrem Löffel. Dabei geht es nicht nur darum, die anderen beim Essen nicht zu stören, sondern auch auf die Gemeinsamkeit, mit ihnen von einem Teller zu essen, soll verzichtet werden. Wie sehr kleine Kinder beim Essen noch Mühe damit haben, sich selbst als von den anderen abgegrenzte Person zu empfinden, zeigt sich immer wieder dann, wenn ein Kind nur noch weiterißt, wenn es bei Mama oder Papa auf dem Schoß sitzt. Dann geht auf einmal, was auf dem einsamen Kinderstühlchen nicht mehr ging, man ist ja nicht mehr so allein!
Dann gibt es das Bedürfnis der Erwachsenen, keine Schmiererei vor Augen zu haben. Sie haben gelernt, daß das eklig ist und ihnen den Appetit verdirbt, also müssen die Kinder das auch lernen.
Dann sollen sie lernen, das begehrte Essen nicht einfach mit Hän-

den zu greifen, sondern sie sollen ein hartes Gerät dafür benutzen, von dem der Bissen auch noch ständig wieder herunterfällt!
Sie sollen auch lernen, beim Essen möglichst nicht auf ihre eigenen Wünsche zu hören, sondern einfach das zu essen, was ihnen vorgesetzt wird. Auf Selbstbeherrschung beim Essen wird besonderer Wert gelegt: nicht zu schnell, nicht zu viel, nicht nur das, was schmeckt, möglichst den anderen den Vortritt lassen – es ist schon eine ganze Menge, was den Kindern da abverlangt wird!
Wenn wir als Eltern unseren Kindern all dies bewußt beibringen sollten, wären wir heillos überfordert. Zum Glück tut das auch niemand. Wir decken den Tisch, wie wir es gewöhnt sind, und dem unbedingten Anpassungswillen der Kinder ist es zu verdanken, daß sie uns (fast) alles nachmachen, ohne nachzufragen, welchen Sinn das haben soll. Sind die Kinder größer, kann es zwar zu Diskussionen kommen, aber die Grundvoraussetzungen: Teller, Messer, Gabel, Löffel, Tisch und Stuhl werden nicht mehr in Frage gestellt.

Praxis: Die Mahlzeit am Familientisch

Lassen wir noch einmal Revue passieren: Da gibt es das Mythisch-Rituelle, da soll jeder seinen Platz in der Familie finden, da gibt es den Prozeß der «Entsinnlichung» des Essens, da gibt es den Anspruch, die Selbstbeherrschung zu trainieren, und es soll eine demokratische Kommunikationsform eingeübt werden.
Zu diesen Punkten habe ich einige Tips gesammelt, zum Teil aus eigener Erfahrung, zum Teil von anderen Familien erprobt.

Rituale

Kinder bis zum Einschulungsalter lieben es, die Mahlzeit mit einem Tischritual zu beginnen.
Dazu ein paar Beispiele:

Piep, piep, piep,
Wir haben uns alle lieb!
Ein jeder esse, was er kann,
nur nicht seinen Nebenmann.
Wau, wau, wau,
auch nicht die Nebenfrau!

Nix vertröppelt, nix verschütt',
wir wünschen guten Appetit!

Piep, piep, piep,
wer Hunger hat, ißt mit,
guten Appetit!

Erde, die uns dies gebracht,
Sonne, die es reif gemacht,
liebe Sonne, liebe Erde,
euer nie vergessen werde!

Komm, Herr Jesus, sei unser Gast,
und segne, was du uns bescheret hast.

Und hier noch ein fetziger Pfadfinderspruch:

Haut den Löffel in die Pampe,
daß es spritzt bis an die Lampe!

Bei Gebeten ist es meistens so, daß jeder für sich die Hände faltet, bei den Tischsprüchen, die sich mehr auf das Miteinander beim Essen beziehen, geben sich alle die Hände. Oder es wird kombiniert: erst ein Gebet, dann ein gemeinsames «Guten Appetit!»
Ganz abgesehen von den Inhalten solcher Tischsprüche haben sie einen angenehmen Effekt. Es stürzen sich nicht alle in der Reihenfolge des Erscheinens bei Tisch auf das Essen, sondern es fangen alle gemeinsam an. Jeder muß vor dem Essen seine vorangegangene Aktivität oder seine Gedanken kurz unterbrechen, um sich klarzumachen, daß nun die Mahlzeit beginnt. Den Kindern fällt es so leichter, nun vielleicht nicht mehr Winnetou oder die Puppenkrankenschwester zu sein, Streitereien werden unterbrochen und

dadurch entschärft, der eben gelesene Zeitungsartikel wird in den Hintergrund der Gedanken verbannt.

Bei uns ist die Konstellation für Tischriten nicht mehr so recht gegeben. Beten war noch nie gefragt, und aus dem Alter für nette Sprüche sind die Ältesten schon heraus. Dennoch habe ich es manchmal geschafft, nur durch ein paar Sekunden Stille die Turbulenzen zu Beginn einer Mahlzeit zu glätten. «Seid einmal alle still, bis ich bis zehn gezählt habe!» – schon geht es nur noch halb so laut weiter. Das ist die absolute Sparversion des Anfangsritus, aber den Effekt der kurzen Sammlung erreicht man auch so.

Die «Nobelversion» ist das gemeinsame mehrstimmige Singen. Aber die Familien, in denen das noch funktioniert, ohne daß es einem Familienmitglied lästig oder peinlich ist, dürften rar sein. Schade, denn Singen verbindet. Aber genau das ist wohl der Grund, warum es so leicht peinlich wird. Wer laut singt, stellt sich selber ungeschützt dar, und das mag hierzulande nicht jeder, nicht einmal in der eigenen Familie.

Singen Sie ruhig mit den kleinen Kindern, die mögen es und tun es gerne. Aber verpassen Sie nicht den Zeitpunkt, zu dem es aufgesetzt wirkt. Das kann früher oder später sein, vielleicht auch nie – aber die Wahrscheinlichkeit, daß es so kommt, ist groß.

Wider das Schmatzen und Kleckern und zum Gebrauch von Löffel und Gabel

Als unsere Lena knapp zwei Jahre alt war, traf ich im Dorf eine Mutter, die ein etwa gleich altes Mädchen hatte. Sie fragte: «Ißt sie schon alleine?» «Ja sicher!» antwortete ich. «Ach», meinte sie, «unsere kleckert noch!» Oje – als wenn Lena nicht gekleckert hätte!

Es hängt viel von der Schmuddeltoleranz der Eltern ab, in welchem Alter sie ihren Kindern das selbständige Essen zumuten. Bei meiner kleinen Umfrage schwankte das Alter der Kinder zwischen 10 Monaten und $2^1/_2$ Jahren. Die meisten fingen mit etwa einem Jahr damit an.

Iris N.: «Meine Kinder ließen sich ab ca. ihrem 1. Geburtstag nicht mehr füttern, und ich mußte sie fortan (mit schrecklichen Folgen) allein essen lassen, damit sie überhaupt aßen.»
Alexandra J.: «Ich ließ die Kinder spät alleine essen, alle anderen konnten es schon. Dafür fiel die ‹Kleckerphase› entsprechend kürzer aus. Es wurde nie Druck auf selbst essen oder nicht ausgeübt.»

Um gut über die «Lernphase» wegzukommen, gibt es ein paar Tricks.

1. Schneiden Sie Ihrem Kind kleine Bröckchen, die es entweder selber mit den Fingern in den Mund stecken kann oder mit einer Kuchengabel aufpicken. Die Bröckchen sollten nicht schmierig sein, z. B. dünn bestrichenes Butterbrot oder Apfelstückchen. Zwischendurch füttern Sie mit dem Löffel den Brei, den das Kind essen soll.
2. Binden Sie dem Kind ein großes Lätzchen mit Ärmeln um. Ähnlich wie die Schürzen sind Lätzchen im Zeitalter der vollautomatischen Waschmaschinen nicht mehr «in», aber sie sind dennoch ein Segen, vor allem, wenn man sie in großer Zahl besitzt. Nicht schlecht, bei aller Abneigung gegen Plastikutensilien, sind auch solche Lätzchen, die unten eine Art Auffangschale haben, Sie werden so manches Bröckchen statt von der Hose aus dieser Schale wischen.
3. Verzichten Sie auf das Tischtuch, oder legen Sie ein großes Stück Wachstuch an den Platz des Kindes. Normale Sets sind meist zu klein.
4. Sehr empfehlenswert ist auch eine ausgediente Tischdecke oder Ähnliches, die Sie *unter* den Stuhl des Kindes legen. Nach dem Essen wird sie ausgeschüttelt oder in die Waschmaschine ge-

Keine Angst, das war nūr mein Magen!
rrrrr!

steckt (oder einfach noch einmal benutzt, auch wenn sie schon Flecken hat...).

5. Wenn es Brei selber essen will, geben Sie ihm einen normalen Kaffeelöffel, der nicht zu tief ist. Ein kleines Kind hat Schwierigkeiten zu begreifen, daß es den Löffel sozusagen mit der Oberlippe auswischen muß. Vielleicht ist es so schlau und dreht ihn um, aber dann oft schon, bevor er im Mund steckt...

Nun ist ja die Schmiererei nicht ausgestanden, wenn die Kinder halbwegs mit Messer und Gabel umgehen können. Die Feinheiten der Eßmanieren beherrschen oft unsere Teenager noch nicht. Wenn ein Kind breit hingeflezt mit beiden Ellenbogen auf dem Tisch seine Suppe hörbar schlürft, dann kann das für die Eltern ähnlich nervend sein wie ein Kleinkind, das mit dem Löffel in den Spinat haut; vielleicht ist es sogar noch schlimmer. Denn nun kommt die Angst hinzu, daß sich das Kind bei anderen blamiert und die Eltern noch dazu, die offenbar nicht imstande waren, ihm anständige Manieren beizubringen.

Dieser Punkt wird von Vater und Mutter nicht immer gleich eingeschätzt. Greift der eine erst ein, wenn er sich von dem Benehmen der Kinder selbst gestört fühlt, bemängelt ein anderer auch am Familientisch schon Verhaltensweisen, die in der Öffentlichkeit unerwünscht wären.

Jutta S.: «Mein Mann achtet strenger auf die guten Tischsitten, da er eine entsprechend andere, sprich strengere Erziehung hatte. Ich resigniere schneller und mache einen auf enttäuschte Mutter, während mein Mann schimpft und schreit.»

Maike F.: «Mein Mann hält die Regeln konsequenter ein. Zum Beispiel lasse ich, wenn Besuch da ist, die Kinder aufstehen, wenn sie fertig sind mit Essen, weil es einfach lang dauert. Mein Mann stimmt mir dann zwar zu, hätte allein aber anders reagiert.»

Der Pegel dessen, was uns als Eltern unerträglich erscheint, hängt natürlich davon ab, welche Wertigkeit gutes Benehmen bei Tisch in unserer Kindheit hatte. Dabei ist das durchaus nicht geradlinig ableitbar. Derjenige, der streng erzogen wurde, muß nicht in jedem Fall selber wieder streng erziehen. Das eigene Erleben kann sowohl Vorbild als auch Abschreckung sein, und was davon die größere Rolle spielt, ist oft gar nicht so leicht zu entscheiden.
Versuchen Sie, zwei Dinge genau zu beobachten: zum einen, wann Ihnen persönlich das Essen nicht mehr schmeckt, weil die Kinder sich für Ihr Gefühl unangemessen benehmen, und zum anderen achten Sie einmal darauf, wie sich Ihre Kinder in einer Gaststätte oder bei Besuchen woanders verhalten. Dann erhalten Sie einen Maßstab dafür, welche «Erziehungsmaßnahmen» sowohl für Ihr Wohlbefinden als auch für die Gesellschaftsfähigkeit Ihrer Kinder notwendig sind, und auf die können Sie Ihre Ermahnungen beschränken. Sie brauchen keine Angst zu haben, daß Ihren Kindern der Zugang zu «besseren Kreisen» auf immer versperrt bleiben wird, wenn Sie sie nicht heute schon mit deren Tischsitten vertraut machen. Leben Sie ihnen vor, wie man sich verschiedenen Situationen anpaßt, dann werden sie es auch in Zukunft können.
Meist wissen die Kinder recht gut, wie man sich bei Tisch benimmt, sie richten sich nur nicht immer nach diesem Wissen.

> Das ist ein häufiges Argument unserer Großen, wenn wir wieder einmal von ihnen verlangt haben, nicht die Ellenbogen aufzustützen oder die Knie von der Tischkante zu nehmen. «Das ist so ungemütlich!» heißt es dann. «Macht ihr das woanders auch?» «Nein, natürlich nicht!» ist die empörte Antwort.

Man kann eine solche Antwort als Mißachtung der eigenen Person interpretieren, nach dem Motto «Bin ich es nicht wert, daß du dich für mich anstrengst?» Oder aber Sie sehen es als Vertrauensbeweis – «Mein Kind hat keine Angst, sich mir gegenüber locker zu benehmen!»
Konflikte zwischen den Eltern in Sachen Tischsitten dürften häufig

auf dieser unterschiedlichen Wahrnehmung beruhen. Aufzuheben ist sie sicher nicht, aber wenn Sie einmal mit Ihrem Partner darüber sprechen, kann Ihnen das schon helfen, das Problem gelassener zu betrachten, sofern es bei Ihnen überhaupt besteht.
Ein paar Äußerlichkeiten können es den Kindern erleichtern, sich halbwegs anständig zu verhalten.
Das Sitzenbleiben ist leichter auf einem Stuhl als auf einer Bank, sofern er für das Kind hoch genug ist.

> Wir haben eine wunderschöne Eckbank, die ausnehmend praktisch ist, weil man jede Menge Leute darauf unterbringen kann, wenn's bei Besuch mal eng wird. Aber als die Kinder klein waren und die Bank neu, spazierten sie bei jeder Mahlzeit begeistert darauf hin und her und waren durch nichts von diesem phantastischen Sport abzubringen. Erst als ich kleine aufsetzbare Stühlchen gebaut hatte, die einfach auf die Bank gestellt wurden, blieben sie sitzen. Sie saßen nun hoch genug und hätten zum Aufstehen erst über die kleinen Armlehnen steigen müssen – das genügte als Hemmschwelle. Familien, deren Kinder bei Tisch sitzen bleiben, haben in der Regel einen großen Tisch mit Stühlen. Die einzige Familie mit langer Bank, die ich kenne, hat dasselbe Problem wie wir.

Stühle bergen allerdings ein anderes Problem: das Kippeln. Auf solche Ideen kommen zwar erst ältere Kinder, wenn sie schon mit den Füßen auf den Boden kommen, aber es gibt wohl niemanden, der die Ermahnung nicht schon gehört oder von sich gegeben hat: «Schaukel nicht mit dem Stuhl!»
Früher wurde das als reine Unart betrachtet. Inzwischen haben sich Möbelbauer und Orthopäden Gedanken über den offenbar unausrottbaren Hang zum «Kippeln» gemacht und sind zu dem Schluß gekommen, daß es wohl ein natürliches Bedürfnis des menschlichen Körpers ist, nicht starr mit rechtwinklig abgeknickten Beinen und geradem Rücken zu sitzen, sondern im Beckenbereich sich bewegen zu können. Sie haben nach Wegen gesonnen, nicht den Menschen per Ermahnungen an den Stuhl anzupassen,

sondern den Stuhl an das anatomisch richtige Sitzen, und herausgekommen sind «wackelige» Stühle der verschiedensten Art, auf denen man hervorragend sitzt. In «Sitzstudios» werden sie verkauft, und sie sind leider sehr teuer. Wenn Sie zu denen gehören, die sich das leisten können, ist es sicher eine gute Idee, dem Bewegungsdrang der Kinder bei Tisch so weit entgegenzukommen, daß sie wenigstens ungestraft mit dem Stuhl ein wenig schaukeln können.
Ebenfalls empfehlen möchte ich eine massive Holztischplatte, die man nicht mit einer Tischdecke abdecken muß. Bei furnierten Tischen ist das meist nötig, weil das Furnier die vielen umgekippten Saftgläser irgendwann mit Beulen quittiert, und wenn Kratzer entfernt werden sollen, ist schnell das Furnier komplett abgeschliffen. Wenn ich bedenke, daß bei uns früher bei umgekippten Gläsern gleich der halbe Tisch abgeräumt werden mußte, weil ein Tuch zwischen Decke und Tisch geschoben wurde, um das Furnier vor Wasserflecken zu retten, dann lobe ich mir unseren Holztisch, der einfach abgewischt wird. Ganz zu schweigen davon, daß keine Tischdecke gewaschen und gebügelt werden muß.
Alles, was Arbeit spart, reduziert den Groll, den Eltern auf Kinder hegen, wenn etwas schiefgegangen ist, und entspannt die Familienatmosphäre. Unter diesem Motto sollten Sie Ihren Eßplatz einrichten.

Wider Gier und Unbeherrschtheit

Sich nicht wild auf alles Leckere zu stürzen und nicht angeekelt die ungeliebte Speise von sich zu schieben, nicht voll Neid aufzuschreien, wenn Schwester oder Bruder (scheinbar) mehr vom Pudding abbekommen haben, nicht gierig in sich hineinzuschlingen oder einen mißliebigen Brocken prustend über den Tisch zu spucken – all diese Impulse muß das Kind lernen zu unterdrücken. Meist geht das ziemlich glatt und unbemerkt vor sich, aber nicht immer. Und es gibt Umstände, unter denen es besonders schwer ist, sich zu beherrschen.

Sie können das Chaos leicht vorprogrammieren, indem Sie beispielsweise Fisch und Lauchgemüse als Hauptspeise anbieten, sichtbar dazu den Schokoladenpudding als Nachtisch plazieren, dem einen Kind einen großen Haufen Lauch auf den Teller tun, dem anderen großzügig erlauben, gleich vom Pudding zu essen, und dann das zeternde, lauchgeplagte Kind auch noch zwangsfüttern. Dann finden Sie mit Sicherheit den Lauch auf Ihrem Pulli wieder. Aber gelernt haben Sie etwas:
Bei jeder Mahlzeit sollte mit Sicherheit etwas für jeden dabei sein. Vielleicht ißt der eine nur die Kartoffeln, der andere nur das Gemüse, der dritte nur den Salat, der vierte von allem etwas. Das ist nicht optimal, aber es braucht niemand hungrig vom Tisch aufzustehen, und es braucht niemand zu etwas gezwungen zu werden, was ihm absolut zuwider ist.
Heiß begehrte Speisen sollten immer gleich zu Beginn der Mahlzeit gerecht unter die Geschwister aufgeteilt werden. Das klingt banal, aber ich erinnere mich an unruhige Mahlzeiten, bei denen vier Geier darauf lauerten, daß keiner zu viel von, sagen wir: den gerösteten Brotbröckchen bekam. Ruhe kehrte ein in dem Augenblick, als die Bröckchen in vier gleichen Häufchen auf den Tellern lagen. Soll es Nachtisch geben, ist es ratsam, ihn gleich auf Schälchen zu verteilen und dann außer Sichtweite aufzubewahren. Unsere Oma praktiziert das mit jahrzehntelanger Routine und gewinnt so jeder Mahlzeit noch einen Überraschungseffekt ab. Bei uns gibt es seltener Nachtisch, aber wenn, dann bemühe ich mich, es ihr nachzutun.

Wenn wir bei Tisch Nachspeise verteilen, ist das schon so ausgegangen, daß ein Kind mit der Briefwaage angerückt kam, und das in allem Ernst. Allerdings wich der Ernst in dem Maße, wie sichtbar wurde, wie schwierig und langwierig eine solche Zuteilung ist. Schließlich wurde der noch immer «ungerecht» verteilte Nachtisch unter allgemeiner Heiterkeit verspeist.

Oft geht es bei solchen Streitereien nicht wirklich um die Menge der Speise, die die Kinder bekommen, sondern um den Status innerhalb der Familie. Für Kinder ist das, was sie auf dem Teller vorfinden, gar nicht in erster Linie mit ihrem Hungergefühl verknüpft, sondern es ist ein Besitz, den sie mit dem Besitz der anderen vergleichen. Ist es etwas, was sie mögen, kann der Haufen gar nicht groß genug sein. Das Kind erlebt die Menge dann als Auszeichnung, und wenn die «Auszeichnung» der anderen größer ist, dann wird es eifersüchtig. Daß es so viel gar nicht in seinen kleinen Bauch bekommt, das ist in dem Augenblick nicht sein Problem.
Hier läßt sich eigentlich keine Regel für ein sinnvolles Verfahren aufstellen. Ratsam ist es sicherlich, allen Kindern kleine Portionen auf den Teller zu tun und darauf zu bauen, daß derjenige noch einmal Nachschub verlangt, der noch nicht satt geworden ist. Zumindest sehen dann anfangs die Häufchen gleich groß aus, und wenn sich jemand ein zweites Mal nimmt, geht das häufig in der allgemeinen Lebhaftigkeit unter, das neidische Auge des Kleinsten wird den Nachschlag kaum bemerken.
Geben Sie dem Jüngsten zuerst. Erstens wird es dann nicht ungeduldig, zweitens kann das Essen bis zum allgemeinen Beginn noch abkühlen. Nach meiner Erfahrung macht es Kindern gar nichts aus, wenn das Essen kalt geworden ist, aber es kann böses Geschrei geben, wenn es zu heiß ist.
Ältere Kinder – etwa ab dem Schulalter – sollten sich selber nehmen dürfen, wenn sie wollen, aber dann sollten sie auch aufessen.

Mit Nora habe ich gute Erfahrungen gemacht, wenn sie vor dem Essen «ihren Bauch gefragt hat», wieviel er will. Das stimmt dann meist auch, denn es ist ja nicht sie selbst, die ihre Wünsche nach Auszeichnung bzw. Gleichbehandlung mit den Geschwistern ausdrücken muß. Es ist ja ihr Bauch, und daß der beim Essen etwas mitzureden hat, das leuchtet ihr ein.

Gieriges Schlingen oder endloses Kauen erweist sich meist als Temperamentssache. Vergewissern Sie sich, daß der Gierhals nicht nur deshalb so gierig ißt, weil er Angst hat, sonst zu wenig abzubekommen – ist ihm das auf die ein oder andere Art zugesichert, werden Sie kaum noch Einfluß auf seine Eßgeschwindigkeit nehmen können. Sie können ihm klarmachen, daß gründliches Kauen für die Verdauung wichtig ist, sie können auch verhindern, daß ihm sein schnelles Essen irgendeinen Vorteil bringt, indem sie ihn nicht vom Tisch aufstehen lassen, wenn er fertig ist, aber auch dann kann er für ihr Gefühl immer noch viel zu schnell essen.

Nicht gierig zu sein, gehört ja auch zu den Idealen der Selbstbeherrschung, die in unserer Gesellschaft wichtig sind. «Habgier» ist verpönt, sie ist zwar allgegenwärtig, wird aber tunlichst verbrämt. Nicht gierig zu wirken, auch wenn man es ist, das lernen unsere Kinder am Mittagstisch.

Und die langsamen Esser anzutreiben, das ist fast genauso schwierig. Sie verstoßen nicht gegen die Regel, ihre Gier zu zügeln, sie verstoßen gegen die Regel, mit der Zeit sparsam umzugehen. Dabei gibt es wiederum die, die tatsächlich ganz langsam essen, in kleinen Bissen und mit großen Pausen, und solche, die mit dem Essen spielen und darüber ganz vergessen, es in den Mund zu stecken.

Sie sehen: die gemeinsame Mahlzeit enthält für Kinder so viele Reize, die sie gleichzeitig verarbeiten müssen, daß der eigentliche Zweck, das Essen, oft zu kurz kommt. Der schnelle Esser weicht dem aus, indem er diese Tätigkeit schnell hinter sich bringt, der langsame, indem er ihr ausweicht oder sie immer wieder unterbricht. Sie können versuchen, durch Rituale und durch einfache Speisen die allgemeine Reizschwelle so weit zu senken, daß sich das Eßtempo der Familienmitglieder etwas angleicht. Aber ich muß Ihnen gestehen, wenn ich Nora, unsere langsame Esserin, manchmal genüßlich am leergeräumten Tisch sitzen sehe, dann gönne ich ihr dieses Eßvergnügen von Herzen – wem schadet es?

Daß das gute Benehmen auch früher schon den Kindern nicht leichtgefallen ist, kann man aus dem schließen, was ein Vater berichtet (schon etwas älter und aus gutem Hause):

Dieter v.d.V.: «Eine schöne Erinnerung sind die in meinem Elternhaus so genannten ‹Benimmtage›. Einmal im Monat durften bei einer Mahlzeit mal alle Tischsitten vergessen werden. Eine herrliche Sauerei, die die gestrengen Sitten an den übrigen Tagen erträglicher machte.»

Was halten Sie von der Idee?

Der Familientisch als Spielplatz?

Ein Thema, das bei Familien mit kleinen Kindern immer wieder auf der Tagesordnung steht, ist die leidige Frage, ob man Spielzeug zum Essen mitbringen darf. Kinder tun es immer wieder, und man weiß als Erwachsener oft nicht recht, ob man es nun dulden soll oder nicht.

Wenn Kinder bei Tisch noch etwas anderes tun als essen, kann das verschiedenene Gründe haben. Sehr kleine Kinder, die noch gefüttert werden, brauchen oft etwas in den Händen, weil sie sonst unbedingt nach dem Löffel verlangen würden, den Mutter oder Vater in der Hand haben. Im Prinzip wäre dagegen nichts einzuwenden, wenn das Selber-Essen schon klappen würde. Landet dann aber das Essen überall, nur nicht im Mund des Kindes, kann man ruhig mit irgend etwas Interessantem dafür sorgen, daß die kleinen Hände Beschäftigung haben, so lange es nicht dazu führt, daß das Kind nicht mehr essen will.

Sind die Kinder älter, fällt es ihnen oft schwer, ein angefangenes Spiel zu unterbrechen, wenn sie zu Tisch gerufen werden. Dann kommen Auto oder Teddybär mit, und damit die ganze kleine Spielwelt, die das Kind auf die Art nicht verlassen muß. Das ist, so denke ich, ein berechtigter Wunsch. Wir haben solche Ansammlungen um den Suppenteller nie generell verboten. Wenn Bär, Eichhörnchen und Eselchen mitessen, oder wenn sich um den Eßplatz ein kleiner Parkplatz bildet, weil die Fahrer gerade in der Raststätte ihr Mittagessen zu sich nehmen, dann kann das viel dazu beitragen, daß das Essen angenehm verläuft.

Also genau genommen ist Obst ja kein Spielzeug...

Es kann aber auch passieren, daß durch diese zweckentfremdete Nutzung von Raum auf dem Tisch Geschwisterzwist entsteht, oder daß gar um das Spielzeug gestritten wird. In solchen Fällen hilft am ehesten die Verbannung vom Tisch einschließlich der Zusicherung, nach dem Essen könne weitergespielt werden. Das können auch Kinder im Vorschulalter schon begreifen.

Selbst wenn Sie es mal erlauben und mal verbieten und das von Fall zu Fall begründen, ist das noch kein Verfall der Tischkultur.

Etwas haariger ist schon die dritte Version von Spielzeug am Tisch, die dann bei älteren Kindern vorkommt. Die beschäftigen sich auch gern weiter mit Dingen, die sie zuvor getrieben haben, nicht nur, weil sie ihre Spielwelt nicht hinter sich lassen, sondern weil sie auch demonstrieren wollen, daß ihnen diese Familienveranstaltung rund um den Tisch schnuppe ist. Das kann eine hartnäckig betriebene Strickliesel sein, ein Puzzle, das unbedingt fertig werden, ein Bild, das dringend vollendet werden muß, oder einfach die Zeitung oder ein spannendes Buch, bei dem man keine Veranlassung sieht, es wegen der langweiligen Esserei aus der Hand zu legen. Solche Nebenbeschäftigungen sind wirklich störend, weil mit der inneren Abwesenheit gleichzeitig Desinteresse bekundet wird. Wenn man das laufen läßt, entsteht zwar kein Streit, aber eine Runde einsam vor sich hin mümmelnder Individuen. In solchen Fällen Kinder zwangsweise in die Runde einzubeziehen, indem man ihnen die Nebenbeschäftigung untersagt, halte ich im Sinne von «Tischkultur», wenn wir das Wort benutzen wollen, für richtig und angebracht.

Mitteilen und Zuhören

In den meisten Familien ist das gemeinsame Essen vor allem darum wichtig, weil hier verschiedenes besprochen werden kann, was alle angeht, oder es geht auch nur zwei oder drei etwas an, aber endlich einmal sind sie überhaupt zu fassen.

Sind die Kinder noch klein, ist das meist kein Problem. Man versucht zwar, sich etwas vom Kindergarten erzählen zu lassen, aber zumindest bei meinen Kindern kam da sehr wenig bei heraus. Wenn ich Informationen wollte, bekam ich die von der Erzieherin. Die Gespräche bei Tisch, die von praktischer Bedeutung waren, die spielten sich zwischen meinem Mann und mir ab.

Inzwischen sieht das anders aus.

Es genügt nicht mehr, über die Köpfe der Kinder hinweg zu beschließen, wer am Nachmittag sich um sie kümmert oder mit wem sie spielen können. Da wollen sie mitreden und haben ihre eigenen Vorschläge.

Es genügt auch nicht mehr, sie heil aus dem Kindergarten zu Hause zu wissen. Die Schule stellt andere Anforderungen. Hausaufgaben und Arbeiten brauchen ein gewisses Minimum an Mitdenken der Eltern, zumindest muß man den Zeitpunkt abpassen, wann sich das Mitdenken in Mithilfe umwandeln sollte.

Und die Pläne der Kinder müssen oft genug noch auf ihre Machbarkeit hin abgeklopft werden. Kommen sie allein zu der Freundin, oder müssen sie gefahren werden? Ist es noch zu kalt für das Freibad? Bleibt noch Zeit für ein paar häusliche Pflichten und die Hausaufgaben?

Die Eltern haben dann auch noch verschiedenes zu klären. Da kommt ein Handwerker, ein Arztbesuch ist fällig, eine Konferenz ist angesetzt, ein Elternabend steht an.

Und dabei soll man auch noch essen.

Der Umfang der Dinge, die bei Tisch zu besprechen sind, sieht in jeder Familie anders aus und wird auch anders bewältigt. Aber die anstehenden Themen lassen sich sicherlich auch bei Ihnen folgenden Bereichen zuordnen:

Da sind einmal die Gefühle, die Ihre Kinder mit nach Hause bringen, und die Eltern sind natürlich auch nicht immer frei von Launen.

Bei den Kindern kann die Stimmung alles zwischen jubelndem Überdrehtsein und Depression umfassen, und man weiß vorher nicht, wie es kommen wird. Die Art von Kommunikation, die nötig ist, diese Stimmungen aufzufangen, läßt sich, im Gegensatz zu Organisationsfragen, nicht «abhaken», sie durchzieht alles, was sich beim Essen abspielt.

In solchen Situationen habe ich gute Erfahrungen damit gemacht, einfach nur die Gefühlslage des Kindes zu registrieren. Wenn man einem Kind, das maulend vor seinem Teller sitzt und ganz offenbar mit allem unzufrieden ist, sagt: «Du bist sehr unzufrieden!» – dann wird wahrscheinlich das Wunder geschehen, daß es Ihnen noch mehr von sich erzählt, als nur das beleidigte Gesicht herzuzeigen. Sagen Sie nicht: «Du bist aber sehr unzufrieden!» Hören Sie einmal genau hin. Der Satz «Du bist sehr unzufrieden!» sagt dem Kind: Ich sehe, wie es dir geht, und ich nehme das ernst.

In dem Satz «Du bist aber sehr unzufrieden!» schwingt ein leiser Vorwurf mit, das Kind macht sofort «dicht».

Ihnen kommt es wahrscheinlich albern vor, so völlig kommentarlos das wiederzugeben, was das Kind äußert, sei es durch Verhalten oder durch Worte. Ich bin auch immer wieder versucht, durch kleine Beiworte wie «aber» oder «Mir scheint» die Äußerung «flüssiger» zu machen. Aber ich habe gemerkt: Es klappt nicht. Den ganz einfachen Spiegelungen folgt tatsächlich meist ein Satz des Kindes, der dann in die Richtung verweist, in der die Ursache der Verstimmung zu suchen ist. Die wüstesten Gemütszustände habe ich schon so knacken können, indem ich meinen eigenen Ärger über die Situation einfach beiseite gestellt habe – ohne so zu tun, als sei er nicht mehr da! – und dem Kind einfach signalisiere: Ich sehe, wie es dir geht. Ohne zu fragen warum, und ohne Vorschläge zu machen, wie das abzuändern sei. Das kommt dann meist von dem Kind selber, und wenn das Gespräch in Gang gekommen ist, ist es auch nicht mehr so empfindlich im Hinblick auf die Wortwahl; dann darf auch schon mal ein «aber» vorkommen, ohne daß das Gespräch gleich versiegt.

Besser zu fassen ist die Ebene der allgemeinen Erzählungen. Daß Tina dem Nicki im Bus den Schulranzen ausgekippt hat, daß der Lehrer fehlt, weil er Zahnweh hat, daß Conny ein ausgestopftes Eichhörnchen mit in die Schule gebracht hat – das muß natürlich unbedingt erzählt werden. Hier ist es für Eltern einfach wichtig,

dem Kind Raum für seine Mitteilung zu verschaffen und ihm selber zuzuhören.
Dann gibt es die Mitteilungen, die Folgen für das Familienleben haben. «Daniel hat mich zum Geburtstag eingeladen!» – Wann? Was möchtest du ihm schenken? Wer besorgt das Geschenk? «Der Riemen von meinem Ranzen ist abgerissen!» Wer flickt ihn? Wann? Oder ist das gute Stück so alt, daß ein neuer beschafft werden muß?
«In der nächsten Woche hat der Kollege Meyer zur Umzugsfeier eingeladen!» Natürlich nur die Eltern. Brauchen wir einen Babysitter? Wer fragt ihn?
Dann gibt es die Rückmeldungen aus der Schule – solche mit und solche ohne organisatorische Folgen.
«Ich habe eine Zwei in der Mathearbeit!» Na, herrlich!
«Morgen schreiben wir einen Vokabeltest!» «Und, kannst du die Vokabeln?» «Ich habe mich mit Jannie zum Üben verabredet!» Na, gut. «Wir schreiben Dienstag Franz!» Ach du meine Güte, da muß ich wohl den Einkaufsbummel mit der Kleinen verschieben und mit dem Großen lernen...
Dann sind da die Pläne für den Nachmittag oder auch für die kommenden Tage.
«Kann ich heute zu Frauke?» «Ich will heute mit Anna Lena spielen!» «Wie kommt Lena heute zu den Pfadfindern?» «Hast du im Kopf», an mich gerichtet, «daß ich heute Konferenz habe?» Hatte ich nicht, macht aber nichts. Aber daß ich nicht im Kopf hatte, daß Clara zum Geburtstag eingeladen ist, das macht etwas, denn nun ist kein Geschenk da.
So geht das, in ähnlicher Dichte fast jeden Tag, bei uns. Bei weniger Kindern ist das Pensum dessen, was da zu organisieren ist, natürlich entsprechend geringer, aber vorhanden ist es allemal.
Und dann kommen ja noch die Dinge hinzu, die die Erwachsenen miteinander zu besprechen haben. Der Vertreter der Hausratsversicherung hat angerufen; die Autowerkstatt läßt fragen, ob sie die Beule an der linken Tür gleich mit reparieren soll; im Betrieb hat es Ärger gegeben, weil Schulze mal wieder...

All das, parallel zum Essen, in eine Mahlzeit zu packen, das bringt Durcheinander.

Das einzige, was hilft: Entzerren.

Am einfachsten lassen sich die Dinge, die die Eltern zu besprechen haben, aus dem allgemeinen Wust ausklinken. Eine Tasse Kaffee, nach der Mahlzeit im Wohnzimmer bei geschlossenen Türen serviert, schafft die nötige Ruhe, um wichtige Dinge auch wirklich gründlich zu besprechen. Uns ist es schon oft genug so gegangen, daß etwas, was bei Tisch zwar angesprochen wurde, dennoch wieder in Vergessenheit geriet, weil zu viel anderes dabei los war. Und Eltern können warten, sie müssen nicht unmittelbar alles loslassen, was ihnen auf dem Herzen liegt.

Ältere Kinder können das auch, in Maßen. Kompliziertere Schulprobleme sollten ebenfalls so weit aufgeschoben werden, bis der allgemeine Hunger abgeklungen ist und die wichtigsten Erlebnisse erzählt sind.

Sie brauchen keine «Tagesordnung» für eine Mahlzeit aufzustellen. Aber wenn Sie versuchen, bei dem, was angesprochen werden soll, ein wenig zu sortieren, und zwar in der Reihenfolge vom stark emotional Beladenen bis zum praktisch Komplexen, dann wächst Ihnen der Trubel nicht über den Kopf.

Hierher gehört auch die Frage, ob die Kinder, wenn sie satt sind, vom Tisch aufstehen dürfen oder nicht. Die klassisch bürgerliche Vorstellung der gemeinsamen Familienmahlzeit beinhaltet schließlich, daß alle gemeinsam bis zum Beschluß der Mahlzeit sitzen bleiben, oftmals wurde sogar noch ein Schlußgebet gesprochen. Allerdings, das sollte man dabei nicht vergessen, war es auch vielfach üblich, daß die kleinen Kinder vorab ihre Mahlzeit bekamen und an dieser formell geregelten Tafel gar nicht teilnehmen mußten.

Heute sieht das in vielen Familien anders aus. Bei meiner kleinen Umfrage gab es fast keine Familie, bei der die Kinder sitzen bleiben müssen, wenn sie satt sind. Auch bei uns nicht. Die oben angesprochene «Entzerrung» der Gesprächsthemen fällt einfach leichter, wenn die Kleinen, die vieles nicht interessiert, nicht mehr stillsitzen müssen.

Aufgestanden wird dann, wenn alle aufgegessen haben.

Um trotzdem nicht dem unverbindlichen Weglaufen von der Mahlzeit Vorschub zu leisten, empfiehlt es sich, einfach kleine Zäsuren zu machen, wenn die Kleinen fertig sind mit Essen. Es gibt ja auch die Möglichkeit, die Kinder tatsächlich vorher essen zu lassen, zumindest so lange die Kinder noch gefüttert werden müssen. Denn der fütternde Erwachsene hat selbst sehr wenig vom Essen!

Anna-Marie A.: Ich kann nicht gemeinsam mit den anderen essen, das Essen wird kalt, ich bin gestreßt, weil das Füttern nicht problemlos verläuft, ich kann nicht in Ruhe genießen.
Annette Z.: Es ist schwer, seinen eigenen Teller zu genießen, weil man dem Kind, das man füttert, viel Aufmerksamkeit gibt!

Mir ging es oft so, daß ich erst bei meinem zweiten Teller, den ich ohne die Nebentätigkeit des Fütterns essen konnte, bemerkte, wie das eigentlich schmeckte, was ich da aß. Um das nun auch noch zu genießen, aß ich oft mehr, als mein Hunger verlangte, zwar ohne Folgen für die Figur, aber mit Auswirkungen auf die Müdigkeit nach dem Essen.
Noch einmal zusammengefaßt:

1. Bedenken Sie die Möglichkeit, kleine Kinder vorab zu füttern. Wollen Sie das nicht, warten Sie mit dem eigenen Essen, bis die Kleinen halbwegs fertig sind.
2. Lassen Sie Kinder, die aus Schule oder Kindergarten kommen, zuerst von ihren Erlebnissen erzählen.
3. Lassen Sie sich alle in Ruhe satt essen.
4. Sprechen Sie danach organisatorische Dinge an, die die Kinder angehen.
5. Beschließen Sie dann die Mahlzeit für alle. Für das, was die Erwachsenen zu besprechen haben, können Sie dann einfach noch sitzen bleiben oder sich mit oder ohne Kaffee vom Schauplatz zurückziehen.

Kapitel 4 Von der Gliederung der Zeit durch Essen

Bisher habe ich immer ganz einfach von «der Mahlzeit» gesprochen. «Die Mahlzeit» – gibt es die überhaupt? Morgens, mittags, abends: je nach Tageszeit und Anlaß reicht die Palette der «Mahlzeiten» vom schnellen Happen zwischendurch bis zum ausgiebigen Festgelage.
Daß das Essen von «Mahl» zu «Mahl» unterschiedlich aussieht, hängt von verschiedenen Faktoren ab – von physiologischen, psychologischen und praktischen.

Der physiologische Verdauungsrhythmus

Physiologisch gesehen sind die Verdauungsorgane des Menschen ebenso einem «Schlaf-Wach-Rhythmus» unterworfen wie der Mensch selber. Natürlich nicht in dem Sinne, daß die inneren Organe die Tätigkeit einstellen, sobald der Mensch einschläft, aber die Zeiten höchster Aktivität und relativer Ruhe lassen sich durchaus voneinander abgrenzen.
Nach Petra Kühne (1993) nimmt die Bildung von Gallenflüssigkeit in der Leber etwa zwischen neun und fünfzehn Uhr kontinuierlich zu, um dann bis drei Uhr nachts wieder auf ein Minimum zu sinken. Parallel dazu wird zwischen neun und fünfzehn Uhr das über Nacht in der Leber gespeicherte Glykogen (Zucker) abgebaut, um dann in der Nacht wieder angesammelt zu werden. Etwa um drei Uhr nachts ist der Glykogenspiegel in der Leber auf seinem Maximum angelangt, um morgens dann wieder in den Blutkreislauf abgegeben zu werden.
So gesehen sind ein paar unserer Ernährungsgewohnheiten schon ganz sinnvoll. Wenn die Maurer und Maler morgens um neun ihr Frühstück auspacken, dann geben sie ihrem Verdauungsapparat in dem Augenblick Arbeit, in dem dieser aus seinem Nachtschlaf er-

Ein Leberwurstbrot, ein Honigbrötchen und 'ne Cola!!!

wacht. Sicherlich haben sie auch schon früh um sechs etwas gegessen, aber wohl nicht so kräftig belegte Stullen wie jetzt.
Daß wir unsere Hauptmahlzeit traditionellerweise mittags einnehmen, trifft sich mit dem Höhepunkt der Gallenproduktion. Wenn die Nahrung aus dem Magen schließlich in dem entsprechenden Darmabschnitt angekommen ist, wird sie gleich von reichlich Verdauungssäften empfangen. Und schwere, reichhaltige Abendessen sind hierzulande auch nicht üblich, wenngleich sich so mancher durch die Feierabendruhe zu reichlicherem Essen hinreißen läßt, als ihm guttut. Für mich hat das eine gewisse Logik und entspricht auch meinen Erfahrungen.

Ich habe es trotz vielfältiger Bemühungen nicht geschafft, meine Familie morgens früh um 6.45 Uhr um einen reichhaltig gedeckten Frühstückstisch zu versammeln. Selbst wenn sie es alle schaffen, rechtzeitig aus dem Bett zu kommen, ist der Appetit gering. Feine Haferflocken mit Kakao ißt noch der ein oder andere, lieber noch Cornflakes, aber grobe Flocken sind den Kindern schon zu massig am Morgen. Apfelstücke werde ich auch los, härtere Mohrrübenstücke schon selten. Warmer Kakao wird gerne getrunken, ab und zu holt sich einer einen Joghurt – aber all das kann man kaum als das bezeichnen, was sich Kochbuchautoren unter «abwechslungsreichem, vollwertigem» Frühstück vorstellen. Anders sieht es aus, wenn die Kleineren später Schule haben. Dann haben sie nicht nur mehr Zeit zum Essen, sondern ganz eindeutig auch mehr Appetit.

Ich denke, an Tagen, an denen alle früh aus dem Haus müssen, macht es gar nichts, das erste Frühstück zu Hause eher als Wachmacher denn als Nahrungsaufnahme zu betrachten. Ein bißchen Obst oder Saft, Milch oder Kakao, eine Tasse Kaffee oder Tee reichen bei vielen aus, um dem Verdauungssystem mitzuteilen, daß es nun wieder losgeht. Zumindest sollte man sich kein schlechtes Gewissen machen, wenn aus dem üppigen Frühstück nichts wird. Natürlich bekommt man immer wieder den guten Rat, früher aufzustehen, um Zeit für ein gutes Frühstück zu haben: «Fürs Frühstück, wie es sein soll, gibt es einen Trick: den Wecker für alle etwas früher stellen, damit niemand hetzen muß!» (Was Kindern schmeckt, Naumann und Göbel, Verlags- und Medien Aktiengesellschaft Köln, S. 17) Wenn's nur an der Zeitknappheit liegt und der Appetit schon da ist, ist das natürlich der richtige Tip.

Mir geht es aber häufig so, daß ich gerade an Tagen, an denen ich besonders früh und frisch aufstehe, den ganzen Schwung zunichte machen kann, wenn ich mich als erstes hinsetze und gemächlich frühstücke. Ich bin dann wieder müde und träge. Statt mich mit Energie zu laden, wie das ein gutes Frühstück soll, nimmt es sie mir erst einmal. Aber gegen neun Uhr habe ich dann kräftig Appetit und muß auch etwas essen.

Es gibt natürlich auch Familien, in denen mit Genuß gefrühstückt wird.

Familie Jensen: «Frühstück gibt es auf jeden Fall, und wir frühstücken auch alle zusammen. Carl macht das Frühstück. Meist Brot, häufig aber auch Cornflakes mit Milch. Und für die Kinder Kakao oder auch Tee mit Milch. Wenig Tee mit viel Milch! Wir versuchen, mindestens zwanzig Minuten bis eine halbe Stunde zu frühstücken und zu sitzen, denn ich denke, alles andere ist ein schlechter Start.»

Familie Heinrich: «Das Frühstück ist die einzige Mahlzeit, bei der wir zusammen essen, denn mittags ist Werner auf der Arbeit, und abends werden die Kinder erst «abgefüttert», und dann essen wir erst, wenn die Kinder im Bett sind. Noch gehen sie ja so früh ins Bett!

Wir stehen um halb sieben auf, die Kinder ziehen sich an, ich mache das Frühstück fertig. Um sieben sitzen wir dann am Frühstückstisch. Wenn Michel zur ersten Stunde los muß, dann frühstücke ich auch meistens mit ihm allein. Ansonsten hätten wir Zeit von sieben bis fünf nach acht. Frauke bleibt auch ziemlich lang sitzen, aber Michel betrachtet das Essen sowieso nur als notwendiges Übel, der ißt seine Haferflocken und geht spielen, bis er los muß.»

Auch die anderen Familien, mit denen ich ein Tonbandinterview gemacht habe, frühstücken gerne gemeinsam – aber keine hat Kinder über acht Jahre. Den Zustand, die Familie in frühester Finsternis um kurz nach sieben in die Welt jagen zu müssen, den haben sie noch nicht erreicht. Vielleicht bleiben sie beim genüßlichen Frühstück – vielleicht kommt es aber auch wie bei uns, daß ich um Viertel nach sieben alleine dastehe, immerhin mit dem beruhigenden Gefühl, allen ein Frühstück eingepackt zu haben, wenn schon nicht in den Magen, so wenigstens in die Schultasche. Und ich finde es beruhigend zu wissen, daß zumindest in der Grundschule darauf geachtet wird, daß die Kinder in Ruhe frühstücken können, die Frühstückspause ist von der Hofpause getrennt.
Ein strittiger Punkt beim «Mahlzeitentakt» ist der Abstand zwischen den Mahlzeiten. Darüber, daß man die Verdauungsorgane nicht durch ständiges Essen überlasten sollte, sind sich alle einig.
Bei Thomas Weiss (1994, S. 140) heißt es: «Zwischen den Mahlzeiten liegen ausreichend Pausen – Faustregel: fünf Stunden. Längere Pausen schaden der Gesundheit nicht.»
Petra Kühne (1993, S. 272) stimmt damit überein, macht aber eine Einschränkung: «Bei der heutigen bewegungsarmen Lebens- und Arbeitsweise bekommt es vielen Menschen besser, wenn sie fünf Mahlzeiten zu sich nehmen.»
Und die 9. Regel der Deutschen Gesellschaft für Ernährung lautet: «Öfter kleinere Mahlzeiten. Das bringt Sie in Schwung und mindert Leistungstiefs. Essen Sie anstatt der üblichen drei Hauptmahlzeiten besser fünf kleinere Mahlzeiten. Große Mahlzeiten belasten die Verdauungsorgane und machen müde.»
Ich denke, unser genetisches Erbe aus den Zeiten des Sammlers und Jägers müßte beides möglich machen. Wenn die Natur vieles an Früchten zu bieten hatte, wird so ein Urmensch durchaus naschend von Busch zu Busch gelaufen sein – eine Eßweise, bei der wohl in sehr kurzen Abständen, aber sicher nie viel auf einmal gegessen wurde. Und dann gab es einen großen Jagderfolg, die ganze Sippe konnte sich den Bauch vollschlagen; aber dann war für län-

ger nichts mehr da. Die Zeit, die den Verdauungsorganen für ihre Arbeit zugestanden wird, wurde durch den Mangel diktiert, wir müssen dazu auf die Uhr schauen.
Was tun? Ich denke, im Zusammenleben mit Kindern regelt sich das fast von selbst. Frühstück früh am Morgen sollte man schon anbieten, selbst wenn es, wie bei uns, nur sporadisch angenommen wird. Die Frühstückspause in Kindergarten und Schule ist ohnehin eingeplant. Mittags haben die Kinder meistens wirklich Hunger, also findet Mittagessen statt. Und in fast allen Familien kommen die Kinder am Nachmittag an und verlangen irgend etwas zu essen, Obst, Kekse, Süßigkeiten, und meist auch etwas zu trinken. Dann kommt das Abendessen – und schon haben wir fünf Mahlzeiten. Mit drei Mahlzeiten kommen Kinder schon deshalb nicht aus, weil sie in der Regel, wenn sie nicht irgendwelche Eßprobleme haben, kaum einmal über den Hunger essen. Erwachsene, deren Sättigungsreflex nicht mehr so gut funktioniert, essen sich wirklich häufig so voll, daß sie von Mittag bis Abend durchhalten, und dann ist auch eine längere Pause angebracht.

Essen als Rhythmus des Erlebens

Neben diesen physiologischen Voraussetzungen, die einen gewissen Ernährungsrhythmus fordern, gibt es das psychologische Bedürfnis, den Tag in Abschnitte zu unterteilen. Gerade für Kinder, die die Uhr noch nicht lesen können, sind die Mahlzeiten dabei willkommene Anhaltspunkte.
Nach dem Aufstehen gibt es Frühstück. Dann ist Zeit zum Spielen, dann schneidet Mama einen Apfel auf, dann kocht sie Mittagessen, dann kommt die große Schwester nach Hause, dann sitzen alle um den Tisch und essen. Dann heißt es, eine Stunde ganz still im Kinderzimmer spielen, dann gibt es Saft und einen Keks, dann geht es ein bißchen auf den Spielplatz, dann kommt der Papa nach Hause und liest was vor, während die Mama Abendbrot macht. Und dann, wie schade, ab ins Bett.

Wie wichtig der rituelle Charakter von Mahlzeiten ist, das machen uns unsere Kinder immer wieder mit Nachdruck klar. Ab und zu kommt es vor, daß wir eine Mahlzeit auf etwas unkonventionelle Weise zu uns nehmen, z. B. entgegen unserer Gewohnheit abends warm essen. Mit Sicherheit kommt dann um acht Uhr, wenn sie ins Bett sollen, eine der «Kleinen» an und behauptet steif und fest, wir hätten noch nicht Abendbrot gegessen. Stimmt ja auch, Abend«brot» war es nicht, eine Mahlzeit aber schon. Bloß hat sie ihre Funktion als Charakteristikum des Tagesablaufs offensichtlich nicht erfüllt.

Es kommt auch vor, daß wir abends den Tisch decken, obwohl alle erwiesenermaßen satt sind, nur um die Kinder reibungslos ins Bett bringen zu können.

Auch weiträumigere Zeitbegriffe gliedern sich so, und wenn Sie ganz ehrlich sind, werden Sie solche Zeitvorstellungen, die an erlebbare Ereignisse geknüpft sind, auch bei sich selber finden. Die Woche besteht schließlich nicht aus sieben vierundzwanzigteiligen Zeiteinheiten, sondern aus dem Tag, an dem man stöhnt, weil die Woche wieder losgeht, dem Tag, an dem man abends Tennis spielt, dem Tag, an dem die Schwiegermutter die Kinder nimmt, dem Tag, an dem man den Wocheneinkauf macht, und dem Tag, an dem man endlich ausschlafen kann. Das Essen spielt dabei eine wichtige Rolle – oder sollte man besser sagen «spielte»? Wo gibt es denn noch freitags Fisch und sonntags einen Braten, jeden Dienstag Eintopf und am Samstag die «politische Wochenübersicht», sprich Reste?

Vor einiger Zeit schlug mein Mann vor, jedem Tag der Woche ein Gericht zuzuordnen, das spare Planungsarbeit, und die ewige Fragerei «Was gibt es?» erübrige sich. «Gute Idee», meinte Jan, «dann weiß man wenigstens, an welchen Tagen man sich Schokolade kaufen muß!»

Auch gute Ideen haben «Risiken und Nebenwirkungen»! Dennoch lohnt es sich, solch einen Plan zu überlegen. Manchmal ergibt er sich auch von selbst.

Im letzten Schulhalbjahr gab es zwei Tage in der Woche, die ihre Besonderheit hatten. An einem kam mein Mann nicht zum Essen, am anderen mußte ich schon um die Mittagszeit mit Clara zur Geigenstunde losfahren. So kochte ich an dem ersten öfter süße Hauptgerichte, die die Kinder mögen, mein Mann aber weniger, und an dem zweiten gab es meist Pfannkuchen, weil damit die Kinder in der Reihenfolge ihres Heimkommens schnell versorgt werden konnten.

Das Einerlei der Tage durch charakteristische Mahlzeiten zu strukturieren, läuft sicherlich dem Trend der Zeit entgegen, macht es aber gerade Kindern leichter, Zeit auch sinnlich zu erfahren.
Und nicht nur die Woche – das ganze Jahr wird in seinem Ablauf durch Erlebnisse begreifbar. Die Jahreszeiten und Feste geben den Monaten ihr Gesicht – und ihren Geschmack.
Die Weihnachtsgans, der Sylvesterkarpfen, der Spargel im Frühjahr und der Zwetschgenkuchen im Spätsommer sind Geschmackserlebnisse, die sich nicht einfach hin und her im Jahr verpflanzen lassen. Sollte man jedenfalls denken. Aber die Kühltruhe macht's möglich, den Spargel auch im November und den fetten Karpfen im August zu verspeisen, und schon hat die Zunge als Zeitansager abgedankt. Wenn Sie das nicht möchten, essen Sie bewußt den Jahreszeiten angemessen, es wird Ihren Kindern helfen, das Wachsen und Innehalten der Natur im Wechsel der Jahreszeiten sinnlicher zu erfahren.

Wann kann man welches Essen machen?

Körper und Seele haben ihre Zeit – aber der praktische Tagesablauf auch. Haben Sie schon einmal Fondue zum Frühstück und ein Joghurt mit einer Tasse Kaffee zum Ausklang des Tages gegessen? Es paßt eben nicht immer alles, sowohl wegen des Zeitaufwandes für die Zubereitung als auch der Bedingungen, unter denen das Zubereitete gegessen wird.

Das *frühe Frühstück* ist die Mahlzeit des Tages, die bei den meisten Familien davon bestimmt ist, daß sie schnell vorbereitet und schnell gegessen werden muß (Ausnahme: Sonntagsfrühstück). Das kommt zwar bei den anderen Mahlzeiten auch ab und zu vor, z. B. wenn man abends noch weggehen will, aber der Zeitdruck beim Essen ist charakteristisch für das Frühstück.
Und die Zeitung! Normalerweise wird beim Essen ja nicht gelesen, aber beim Frühstück ist es üblich, daß da ein Haufen bedrucktes Papier mit am Tisch sitzt und die Kommunikation bestimmt. Keiner kann es leiden, aber (fast) alle tun es. Sie nicht? Herzlichen Glückwunsch!
Zeitunglesen am Frühstückstisch wird im allgemeinen als Unart hingestellt, weil es tatsächlich etwas sehr Unkommmunikatives an sich hat. Aber ich empfinde es als ein morgendliches «Kurzschließen» mit der Realität. Gerade für jemanden, der nach dem Frühstück an den Arbeitsplatz geht, kann es wirklich wichtig sein zu wissen, was in der Zeitung steht.
Zeitdruck und Zeitung – das würde ich als die praktischen Einschränkungen betrachten, die von außen an diese Mahlzeit herangetragen werden. Mit denen müssen Sie leben – oder sehr, sehr früh aufstehen.

Das *zweite Frühstück* wird meist außerhalb eingenommen. Das Spezialproblem dieser Mahlzeit ist der Transport. Wenn man den netten Ratschlägen folgen will, phantasievoll belegte Brote in Schule und Kindergarten mitzugeben, sehen diese, am Bestimmungsort angekommen, meist gar nicht mehr so lecker aus. Das Salatblatt ist welk, die Tomate zerdrückt, die Apfelschnitzen sind braun. Den braunen Apfelschnitzen kann man abhelfen, indem man sie kurz in Zitronensaft legt (oje, auch noch eine Zitrone ausquetschen!) oder dem Kind klarmacht, daß ein brauner Apfel auch noch schmeckt (oje, es will es einfach nicht glauben!); die Tomate wird nicht zerdrückt, wenn sie in ein extra Töpfchen kommt (oje, wohin damit in dem vollen Ranzen?); und das Salatblatt bleibt vielleicht frisch, wenn man es möglichst feucht ein-

packt (oje, nun wird das Brot naß – iiiih!). So leicht ist das alles nicht!
Also: In der Praxis wird's wohl doch meist ein belegtes Brot sein. Mit dem braunen Apfel habe ich etwas übertrieben, einen Apfel kann man schon ganz gut mitgeben, ebenso eine geschälte Möhre oder eine Scheibe Kohlrabi.
Und dann das Getränk! Haben Sie auch schon so viele Flaschen ausprobiert, die alle undicht waren? Oder die sich schlecht saubermachen ließen?

Ein Tip: «Emil», eine Glasflasche im Format der 0,2-l-Einwegflaschen, in denen Cola, Fanta und Sprudel verkauft werden. Sie sitzt in einer Styroporhülle, die sie vor dem Zerbrechen schützt und den Flascheninhalt etwas isoliert. Umgeben von einer lustig bunten Stoffhülle, wird «Emil» von allen Kindern geliebt. Sollte die Flasche doch einmal zerbrechen, ist sie schnell durch eine kleine Sprudelflasche aus dem Handel ersetzt. Sie läßt sich heiß mit einer kleinen Flaschenbürste reinigen, ist also auch für Milchgetränke geeignet. Und sie hält den Druck von sprudelnden Getränken aus. Sie erhalten «Emil» hauptsächlich über den Versand: Jako – O. Postfach 1150, 96473 Rodach, Tel. (09564) 929315

Also: Das zweite Frühstück muß mit dem Transportproblem fertig werden.
Und mit dem Tischnachbarn im Kindergarten, der immer eine Milchschnitte mitbringt!
Bei keiner anderen Mahlzeit können die Kinder so regelmäßig vergleichen, was andere Kinder zu essen bekommen. Das kann zu einem Problem werden, wenn Sie nicht das Glück haben, daß Ihre Kinder in eine Schule oder einen Kindergarten gehen, in dem sich die Eltern darüber einigen, was die Kinder zum Frühstück mitbringen. Sind die Kinder erst einmal so groß, daß sie in eine weiterführende Schule gehen, kommt noch Hausmeisters Kiosk als Konkurrenz zu Mutters Schnitten hinzu, und da vor der gestrengen Kinderzunge zu bestehen, ist oft gar nicht so einfach.

Und wenn dú das Erbschen schön aúfißt, dann kriegst dú aúch deinen Eisbecher!

Noch etwas charakterisiert das zweite Frühstück: Es wird in einem Zusammenhang eingenommen, in dem die Kinder meist noch haufenweise anderes im Kopf haben als das Essen. Die Freunde (und Feinde!) sind dabei, die Spielideen und nicht gemachten Hausaufgaben drängen, der Sandkasten oder die Tischtennisplatte locken. In Kindergarten und Grundschule achten meist Erzieherinnen und Lehrer/innen darauf, daß das Frühstück in vernünftigen Bahnen abläuft. Ab der fünften Klasse ist aber in der Regel Schluß mit der sanften Aufsicht übers Essen. Da werden die Butterbrote mehr nebenbei gegessen, und zu Hause wird darauf geachtet, daß Mutter auch ja nur Sachen einpackt, die man in die Hand nehmen kann.

Eine Geschichte aus dem Gymnasium: In einer Klasse stieg der Umsatz an Capri-Sonne plötzlich an, obwohl die Schüler zuvor überwiegend Milchmixgetränke getrunken hatten. Eine Nachfrage des Klassenlehrers förderte den Grund zutage: Nach Konsum des Getränks brauchten keine Glasflaschen zum Kiosk zurückgebracht werden, was das leidenschaftliche Spiel an der Tischtennisplatte verkürzt hätte.

Das sind die Randbedingungen, die für die Kinder viel entscheidender sind als die Nährstoffzusammensetzung dessen, was sie da verzehren. Es nutzt dabei wenig, ihnen ins Gewissen zu reden. Wenn sie schon einen ganzen Vormittag ihre eigenen Interessen zurückstellen müssen und das tun, was die Lehrer von ihnen wollen, reichen die Ermahnungen der Eltern für die zwanzig Minuten Luft, die ihnen dazwischen gelassen werden, nicht aus, um die eigenen Impulse schon wieder zu bremsen.

Es bleibt eigentlich nur, zu erfragen, unter welchen Bedingungen das Frühstück stattfindet, und Dinge einzupacken, die unter diesen Bedingungen auch gegessen werden. Ein Joghurt, das von einem ruhigen Kind in aller Gemütsruhe auf dem Schulhof ausgelöffelt wird, kann für dieses Kind ein phantastisches Frühstück sein – wer in der Pause unbedingt Räuber und Gendarm spielen muß, kann weiter nichts als eine ordinäre Stulle gebrauchen, und zwar ohne Tomatenscheibe, die fiele bloß heraus.

Den Neid auf die Weißbrote und Milchschnitten der anderen Kinder kann man auch nicht aus der Welt schaffen. Wenn Sie die Energie aufbringen, in der Elternschaft der Kindergartengruppe oder der Klasse ein Süßigkeitenverbot durchzusetzen, dann ist das natürlich die beste Lösung. Meinen Umfragen nach funktioniert das am ehesten in Großstädten, wo Eltern einer bestimmten Denkungsart sich in bestimmten Kindergärten und Schulen treffen, die ihren pädagogischen Vorstellungen nahekommen. Wer, so wie wir auf dem Lande, darauf angewiesen ist, die Kinder dahin zu schicken, wo alle anderen auch hingehen, der muß mit der Nachbarschaft der Milchschnitte leben.

> Ich habe die Wünsche dieser Art einfach ignoriert. Das Gejammer, der oder jener hätte «immer» eine Milchschnitte mit, habe ich nur damit kommentiert, daß wir halt «immer» etwas anderes einpacken würden. Ab und zu erhielt ich dann Berichte, daß die Kinder von anderen heiß Begehrtes abbekommen hätten, z. B. Schoko-Pops oder wie immer derlei Kreationen heißen, aber durch geduldiges Ignorieren verschwanden diese Begehren ganz von selbst. Vielleicht einmal im Jahr kaufe ich auch eine Milchschnitte, aber wenn ich zurückschaue, hat seit Monaten kein Kind mehr den Wunsch danach geäußert.

Das *Mittagessen* wird in der Regel wieder zu Hause eingenommen, aber die Tendenz geht dahin, daß zunehmend auch Kinder mittags von Kantinen versorgt werden. (Siehe Kapitel 5)

Wie dem auch sei, mittags wird gegessen. War das Frühstück in der Familie dadurch charakterisiert, daß die Familienmitglieder meist zu verschiedenen Zeiten aus dem Haus müssen, ist das Merkmal des Mittagessens, daß sie zu verschiedenen Zeiten nach Hause kommen. Immer wieder liegt die Idealvorstellung der gemeinsamen Mittagstafel mit der schnöden Wirklichkeit verquer, in der die Esser nacheinander einlaufen.

Dabei ist die Schwierigkeit, daß in der Regel die Kleinsten und Ungeduldigsten als erste nach Hause kommen. Man kommt oft nicht umhin, ihnen eine Kleinigkeit vorab zu genehmigen. Und wenn es ihnen dann auch noch gelingt, Brot, Bananen oder gar etwas Süßes zu ergattern, dann ist der Appetit fürs Mittagessen dahin. Nicht, daß sie wirklich satt wären, bloß der Eßlust ist die Spitze genommen, und so kann der ganze Essensrhythmus durcheinandergeraten. Also halten Sie lieber etwas Apfel oder Mohrrübe bereit, das hält den Magen offen.

Um für alle nervende Wartezeiten zu vermeiden, bedenken Sie: Kochen kostet Zeit, und vielseitiges, vollwertiges Kochen noch mehr. Es ist heutzutage schwierig, die hier investierte Zeit nicht als verloren aufzufassen. Aber die allgemeine Geringschätzung der Hausfrauenarbeit führt dazu, daß man den Vormittag lieber mit anderen Dingen füllt, um dann um halb eins stöhnend auf die Uhr zu schauen und zu überlegen, was man nun noch schnell in den Topf werfen kann. Sicherlich fällt es den «Nur-Hausfrauen» leichter, regelmäßig aufwendigere Mittagsmahlzeiten zuzubereiten. Aber meist ist es doch so: Die Hausfrau oder der Hausmann leistet sich eine Familie nur, solange die Kinder sehr klein sind. Und wie es ist, mit sehr kleinen Kindern zwischen den Beinen zu kochen, das werden Sie wissen. Zwischen Windeln und Wehwehchen bleibt manches Menü auf der Strecke, und sind die Kinder endlich alt genug für den Kindergarten, dann schaut man sich schleunigst nach einem Job um.

Wieder ist die Zeit zum Kochen knapp.

Die Angewohnheit der Familie Jensen, sehr lange am Tisch zu sitzen, erscheint mir als eine geschickte Art, die Zeit aufzuwerten, die ins Kochen gesteckt wurde. Und dadurch, daß abends gemeinsam mit dem Vater gekocht wird, verändert sich der Charakter der Essenszubereitung. Es ist keine Dienstleistung für die Familie, die von einer Person erbracht wird, sondern eine gemeinsame Tätigkeit. Und da sie nicht vormittags stattfindet, sondern abends, wird sie in die Reihe der Freizeitbeschäftigungen eingereiht.

Es ist sicherlich nicht jedermanns Interesse, lange bei Tisch zu sitzen, nur um das Kochen aufzuwerten, und mancher wird in seiner Freizeit lieber anderes tun als zu kochen. Aber an diesem Beispiel läßt sich erkennen, daß wir meist nicht zuwenig Zeit zum Kochen haben, sondern daß wir sie uns nicht nehmen.
Um die Zeit, die uns dann wirklich zur Verfügung steht, auch wirklich nutzen zu können, sollte man ein bißchen über das Timing nachdenken. Die Tips, die ich Ihnen hier zusammenstelle, kennen Sie wahrscheinlich schon, aber noch einmal im Zusammenhang überdacht, helfen sie vielleicht doch dem einen oder anderen noch auf die Sprünge.

1. Räumen Sie Ihren Arbeitsplatz frei. Die paar Minuten, die das kostet, sparen Sie während des Kochens mit Sicherheit wieder ein, wenn Sie nicht mit der Salatschüssel zwischen stehengebliebenen Honigtöpfen und Brötchenkörben vom Frühstück herumjonglieren müssen. Eine Selbstverständlichkeit, werden Sie sagen. Aber ich wette, nicht wenige von Ihnen werden das kennen, daß vor lauter Kindergewusel eine solche Selbstverständlichkeit unterbleibt, und die Folge ist Streß.
2. Überlegen Sie, welcher Bestandteil der geplanten Mahlzeit am längsten braucht. Es hat wenig Sinn, erst den Salat zu machen und dann die Kartoffeln aufzusetzen.
3. Entzerren Sie das Kochen, wenn es Ihnen zeitlich möglich ist. Kartoffeln waschen, Gemüse putzen, Salatsoßen machen kann man auch schon ein paar Stunden vor dem Essen, sogar den Tisch kann man schon früh decken, wenn der Tisch nicht zum Basteln und Spielen gebraucht wird.
4. Machen Sie sich einen Wochenplan. Er verringert nicht nur, wie bereits angeführt, die tägliche Entscheidungslast, sondern ermöglicht so «selbstverständliche» Dinge wie die kluge Tat, ein am nächsten Tag benötigtes Stück Fleisch schon am Vortag aus der Kühltruhe zu holen. Man kann zwar auch gefrorenes Hackfleisch anbraten, aber es dauert mindestens dreimal so lang; ich spreche aus Erfahrung...
5. Gerade wer viel Salat und Rohkost anbietet, weiß, wie zeitauf-

wendig die Tunken sind. Bereiten Sie die doppelte oder dreifache Menge zu, und bewahren Sie sie im Kühlschrank auf. Das können Sie natürlich auch an andere Familienmitglieder delegieren, man kann die Soße für den nächsten Tag ja schon am Nachmittag zuvor produzieren.

6. Den Tip, größere Portionen zu kochen und einen Teil einzufrieren, lesen Sie in jeder Werbung für Gefriergeräte. Wenn man für Kinder kocht, kann das allerdings schwierig werden. Gerade Eintöpfe und Aufläufe, die sich gut einfrieren lassen, mögen meine Kinder zum Beispiel nicht, so beschränkt sich die Vorkocherei auf Tomatensoßen oder auch mal Gulasch.
7. Sehen Sie zu, die Vorräte für «Blitzgerichte» immer im Haus zu haben. Bei uns sind das Grieß, Milch, Eier und Weizen, um notfalls Grießbrei oder Pfannkuchen produzieren zu können, das geht schnell, und alle sind zufrieden.
8. Halten Sie nicht stur an einmal gefaßten Essensplänen fest. Ich habe schon manches Mal ein geplantes Menü durch ein oben angeführtes Blitzgericht ersetzt, wenn irgend etwas Unvorhersehbares dazwischengekommen war.

Der *Nachmittagsimbiß* ist in der Regel die Mahlzeit, die am flexibelsten gehandhabt wird.

In Familien mit Kindern ist der Nachmittag meist geprägt von deren Aktivitäten. Sind die Spuren des Mittagessens entfernt, geht es darum, wer mit wem spielt, es geht um Hausaufgaben, Fußball oder Flötenstunden. Unter diesen vielfältigen, wechselnden Bedingungen hat das Häppchen am Nachmittag ganz unterschiedliche Funktionen, die mit Ernährung recht wenig zu tun haben.

Am dichtesten an der Physiologie ist noch das Bedürfnis, den Tiefpunkt in der Leistungskurve am Nachmittag durch einen «Zuckerstoß» zu überwinden. Kinder spüren dieses Tief oft weniger ausgeprägt als Erwachsene, die ein ausgesprochenes Schlafbedürfnis überkommen kann, aber auch sie können kurz nach der Mittagszeit träge und quengelig werden. Wir wissen es alle: Süßwaren jeder Art, die mit Fabrikzucker hergestellt sind, sollte man trotz großem Bedürfnis nach Süßem meiden. Ob wir uns an diese Erkenntnis halten ...?

Aber nicht nur der absackende Blutzuckerspiegel verleitet zum Essen am Nachmittag. Eine Kleinigkeit zu essen kann ein Auftakt sein zu einer neuen Aktivität. Wenn die befreundete Mutter kommt mit ihren Kindern, gibt es erst mal eine Tasse Kaffee mit ein paar Keksen und Saft; das Schulkind, das zur Freundin geht, nimmt ein paar Mandarinen mit und die Vorfreude, sie gemeinsam zu verzehren; der Vater, der um halb fünf nach Hause kommt, setzt sich mit dem Tee ins Wohnzimmer und stimmt sich auf die Familie ein. Oder es ist eine Zäsur. Endlich kann das Bügelbrett weggeräumt werden, nun warten noch die Blumen, die Wasser brauchen – dazwischen gibt es ein Stückchen Kuchen. Oder die Kinder haben lange schön gespielt, jetzt fällt ihnen nichts mehr ein; eine Banane und ein Schluck Kakao helfen den Ideen auf die Sprünge.

Oder Belohnung: Wenn die Hausaufgaben fertig sind, winkt ein Honigzwieback. Wenn die Straße fertig gefegt ist, dürft ihr Fladen backen. Wenn ihr das Kinderzimmer aufgeräumt habt, mache ich euch Kinderkaffee ...

Oder ein Trösterchen: Es gab Krach, bei Salzstangen und Apfelsaft kann man sich gut versöhnen; das Fahrrädchen ist einfach ins kratzige Gebüsch gefahren, da hilft ein Pfirsich oder ein Stück Honigkuchen.

Der Nachmittagsimbiß ist, neben der Funktion, schlicht Hunger zu stillen, ein gutes Mittel, den Nachmittag zu strukturieren, eine Besinnungspause zu schaffen. Das Problem mit der Zeit, das bei Frühstück und Mittagessen immer im Hintergrund droht, entfällt. Man muß ja nicht essen, keiner nimmt es übel, wenn man nicht sitzen bleibt, wenn man nur wenig ißt, wenn man etwas nicht mag, wenn man zu schnell oder zu langsam ißt. Und das, was nachmittags angeboten wird, trifft traditionellerweise eher den Kindergeschmack: süß, weich, in handlichen Häppchen aus der Hand zu essen und nicht mit dem sperrigen Besteck. Man kann es den Kindern eigentlich nicht verdenken, wenn sie sich noch ein bißchen Hunger vom Mittag für den Nachmittag aufsparen, da macht das Essen

mehr Spaß! Man darf sogar dabei spielen, ja, das Essen zum Spiel machen beim Kinderkaffee und den selbstgebackenen Fladenbroten – warum soll man sich dann mit dem langweiligen Mittagessen abplagen?
Ich denke, das Einfachste ist, den Kindern ihren Spaß zu lassen und nur dafür zu sorgen, daß sich das, was am Nachmittag gegessen wird, sinnvoll in das Nahrungsangebot einfügt.

Bei der *Abendmahlzeit* schließlich sind in den meisten Familien alle Familienmitglieder anwesend. Außer wenn jemand Schichtdienst hat oder beim Freund ißt oder Überstunden macht oder Ballettstunde hat oder bei Oma übernachtet... Ausnahmen gibt es genug. Aber im allgemeinen kann eine Familie abends am ehesten bestimmen, wann und wie lange sie essen will. Das häppchenweise «Einlaufen» der Familienmitglieder entfällt und auch das hastige Davonstürzen, um pünktlich zur Schule oder zur Arbeit zu kommen.

Allerdings: Der Fernseher redet in vielen Familien abends ein Wörtchen mit. Welche Stimmgewalt ihm eingeräumt wird, hängt allerdings stark von der Familie ab. Ist der Bildschirm bestimmender Gast bei der Abendmahlzeit, sind die Chancen für eine gemeinsame Mahlzeit mit ein paar weniger Streßfaktoren als beim Mittagessen wieder eingeschränkt.
Solange die Kinder im «Sesamstraßenalter» sind, kann das Fernsehen als Taktgeber durchaus als hilfreich empfunden werden.

Ulla Heinrich handhabt das so: Um sechs Uhr dürfen die Kinder Sesamstraße sehen, dann bekommen sie ihr Abendbrot. Der Vater kommt spät und unregelmäßig nach Hause, eine gemeinsame Abendmahlzeit ist also schwierig einzuhalten. So sind die Kinder um sieben Uhr bettfertig und gehen schlafen, die Eltern essen später gemeinsam. Im Sommer ist diese Regelung allerdings häufig hinfällig, weil die Kinder über dem schönen Wetter das Fernsehen vergessen.

Werden die Kinder aber älter und kommen auf den Geschmack von Serien, Sportsendungen oder Spielfilmen, dann wird es schwierig mit der Kontrolle, und vergessen tun sie dann auch nichts mehr.

Bei Familie Veit, deren vier Kinder alle über zehn Jahre alt sind, kommt es schon vor, daß das Abendbrot angesichts der Lindenstraße eingenommen wird – selten, aber immerhin. Das wird dann einfach als Familienvergnügen aufgefaßt und entsprechend genossen – warum nicht.

Ich hab's dir ja gesagt, sie ißt viel konzentrierter als vorher.

Kapitel 5 Die Auflösung des Familientisches

Kennen Sie das – aus eigener Anschauung oder aus Erzählungen –, daß einer vor dem Computer sitzt, mit dem Hähnchenschenkel auf dem Teller daneben und dem Fernseher, der im Hintergrund vor sich hinflimmert?

Vielleicht hat er sich sein Hühnerbein in einem neuen Küchengerät warm gemacht, das schon weite Verbreitung gefunden hat: dem Mikrowellenherd.

Wer ihn besitzt, schwört darauf. Gerade Familien, in denen sich sehr verschiedene Tagesabläufe überlappen, nutzen dankbar die Möglichkeit, kleine Essensmengen schnell warm zu machen, frisch aus der Kühltruhe Geholtes schnell aufzutauen, Lebensmittel schnell und ohne Gefahr des Anbrennens zu garen. Die Betonung liegt auf «schnell». Es gibt sicher auch kulinarische Genüsse, die sich in der Mikrowelle besonders «gut» zubereiten lassen, aber das ist meist nicht der Grund für die Begeisterung der Mikrowellennutzer. Wir besitzen kein solches Gerät, die Technik ist uns suspekt. Vielleicht ungerechtfertigterweise – aber es gibt genügend Menschen, die unsere Skepsis teilen.

Jenseits aller Einwände technischer und gesundheitlicher Art leistet die Mikrowelle einer Entwicklung Vorschub, die mir weitaus bedenklicher erscheint als ein paar elektromagnetische Felder oder entwichene Mikrowellen: der Auflösung des Familientisches.

«Fast food» – auch an ernährungsbewußten Familien geht dieser Zug der Zeit nicht vorüber. Ich mag sie nicht, solche Verallgemeinerungen, die «die Zeit» für vieles verantwortlich machen. Aber in diesem Punkt scheint tatsächlich eine Entwicklung im Gang zu sein, die gesamtgesellschaftlich zur Vereinzelung von Individuen und zur Beschleunigung von Alltagsverrichtungen führt. Man kann versuchen, sich dagegen zu wehren – den Einfluß ganz auszuschalten, wird gerade im Zusammenleben mit Kindern kaum gelingen.

Wenn vor Jahren noch Jugendliche gegen den Spruch des Vaters rebelliert haben «Solange du die Füße unter meinen Tisch streckst...!», dann finden Jugendliche heute schon oft keine Gelegenheit mehr, die Füße dort hinzustrecken, die gemeinsame Familienmahlzeit findet immer seltener statt. Die Philosophie des «Hol dir den Genuß sofort!» verändert auch das Eßverhalten in den Familien.

Aber es ist nicht nur die Philosophie, allein die individualisierten Lebensabläufe verhindern oft genug gemeinsame Mahlzeiten. Die Zeiten werden von außen diktiert, von Schule, öffentlichen Verkehrsmitteln, Arbeitszeiten, dem Fernsehen und anderen Freizeitaktivitäten.

Diese Schwierigkeiten sind mit ein wenig Mühe noch zu bewältigen, solange die Kinder klein sind. Sie lieben ihre Familie als ihr Nest und mögen auch die gemeinsamen Mahlzeiten. Aber je größer sie werden, um so mehr orientieren sie sich nach außen, sie erleben die Familie nicht mehr nur als Nest, sondern auch als Fessel, die sie gerne abstreifen möchten. Um so verlockender sind Formen des Essens, die die sichtbare Form des Familienzusammenhangs sprengen. Allein zu essen, unabhängig von den anderen, das verheißt Freiheit von vielen Zwängen: Auswahl, Tischsitten, Tempo, Rücksichtnahme.

> Unsere Kinder essen gerne «nebenbei», wie wir es dann nennen, die Großen lieber als die Kleinen. Sie schmieren sich dann ein Brot und setzen sich mit einem Buch oder Comic hin und genießen ihre Freiheit. Den «Kleinen» müssen wir ihren «Nebenbei-Teller» zurechtmachen, sie bezeichnen das lieber als Picknick und setzen dabei ihre angefangenen Spiele fort.
>
> Bei uns wird «nebenbei» gegessen, wenn zuviel anderes los ist. Wenn an Sommerabenden noch im Garten gewühlt wird, wenn wir wieder mit Arbeiten am Haus beschäftigt sind, wenn jemand noch am Schreibtisch oder an Hausaufgaben sitzt, dann verzichten wir ab und zu auf den gedeckten Tisch, machen entweder Brote fertig, oder jeder schmiert sich selbst ein paar Scheiben.

Denn Vorzüge hat das dezentrale Essen schon.

- Es ist weniger aufwendig. Es muß kein Geschirr transportiert werden, kein Brotbelag halbwegs ansprechend serviert werden, kein Tisch abgewischt und kein Fußboden von Krümeln befreit.
- Kinder lieben es, einfach aus der Hand zu essen. Sie brauchen nicht auf Tischsitten zu achten und dürfen sogar dabei weiterspielen – kein Streß für Kinder bedeutet auch Streßfreiheit für die Eltern.
- Jeder kann essen, so schnell oder langsam, wie er will. Wer noch viel zu erledigen hat, kann sich beeilen, wer Lust auf gemütliches Essen hat, nimmt sich Zeit.
- Wenn das «Nebenbei-Essen» auch noch selbst zubereitet ist, kann jeder essen, was er will. Das ist für die Großen angenehm. Wird für die Kleinen etwas vorbereitet und dabei halbwegs Rücksicht auf ihre Vorlieben genommen, entfällt für sie die Qual der Wahl – auch eine Schwierigkeit weniger.
- Dem «einsamen» Esser werden keine Themen aufgezwungen, für die er im Augenblick kein Interesse hat. Er muß nicht still sein, weil die Eltern etwas Wichtiges besprechen, er muß nicht dem langweiligen Kram zuhören, den die Geschwister erzählen, und schon gar nicht auf Fragen antworten, die er gar nicht gestellt haben möchte. Das findet dann zwar ein andermal statt, aber eben nicht beim Essen.
- Das Essen für sich allein ist eine Rückzugsmöglichkeit, bei der man sich von den Anforderungen erholen kann, die sonst ständig an einen gestellt werden. Und man tut sich dabei noch etwas Gutes, indem man seine Zunge mit Leckerem verwöhnt. Dieser Aspekt gilt vor allem für Eltern, die es wirklich hin und wieder gut gebrauchen können, genüßlich zu essen, ohne dabei noch mit Wischlappen, Suppenkellen und Saftflaschen jonglieren zu müssen, und ohne die Dompteursarbeit, mit der die Tischsitten aufrechterhalten werden.

Und die Nachteile?

- Wenn nicht alle Familienmitglieder ordentlich veranlagt sind, sieht zwar nicht der Eßplatz, wohl aber die Küche nach einer

Weile aus wie ein Schlachtfeld. Käse und Wurst, offene Marmeladengläser, butterverschmierte Messer, benutzte Trinkgläser zieren jedes freie Plätzchen, und am Ende räumt die ordentlichste Seele auf. Dann fragt man sich, ob es nun wirklich eine Entlastung war, auf das gemeinsame Essen zu verzichten. Da hilft nur, das Wegräumen energisch einzufordern.

- Man verliert leicht den Überblick über die vorhandenen Vorräte. Nach einer solchen «freien Mahlzeit» habe ich schon oft genug die Würstchen gesucht, die ich am folgenden Tag in die Linsensuppe tun wollte; der Käse, der unbedingt gegessen werden sollte, liegt immer noch unter der Glocke und fängt an, unangenehme Gerüche zu verbreiten; und irgend jemand hat rücksichtslos den Thunfisch vertilgt, von dem ich Nora ganz fest etwas versprochen hatte.
- Wo häufig allein gegessen wird, gewinnen Fertiggerichte an Attraktivität. Wie beim Aufwärmen hapert's hier leicht mit den Vitaminen, noch dazu ißt man so allerhand mit an Zusatzstoffen und Konservierungsmitteln. Und welches Fleisch in den Ravioli steckt, sofern es überhaupt auffindbar ist, darüber hat man keinerlei Kontrolle.
- Die Beiläufigkeit führt dazu, daß häufig dem Essen selber gar keine Aufmerksamkeit mehr geschenkt wird. Mancher setzt sich gar nicht erst hin, von Hinschmecken und gutem Kauen ganz zu schweigen. Es gibt Situationen, in denen das mal nötig ist, wo es zur Regel wird, geht ein wichtiges Stück Körpergefühl verloren. Was brauche ich, wann bin ich satt, was tut mir gut, was vertrage ich nicht? Das erfährt nur, wer sich Zeit nimmt für seine Ernährung. Abgesehen davon, daß das zu gesundheitlichen Schäden führen kann, wird ein Mensch, der so wenig Aufmerksamkeit für sich selber aufbringt, auch in anderen Bereichen leicht über seine eigenen Bedürfnisse hinweghetzen.
- Das Bewußtsein, das Essen miteinander zu teilen, geht beim «einsamen» Essen leicht verloren. Der Thunfisch war da und Nora nicht – warum sollte sie da gefragt werden? Wenn der Kühlschrank zur Filiale des Supermarktes wird, dann wird der

Esser zum Kunden und ist nicht mehr Teil einer Gruppe. Der Hauch des Kostbaren, den die liebevoll servierte Mahlzeit noch umgibt, verfliegt. Man fährt an der Tankstelle vor, anstatt sich dankbar von Mutter Natur versorgen zu lassen.

– Ißt jeder für sich, entfällt ein wichtiger Kommunikationszusammenhang für die Familie. Das ist sicher nicht tragisch, wenn es ab und zu vorkommt. Es soll aber Familien geben, in denen das bereits die Regel ist. Vor allem aus den USA, unserem kulturellen Vorreiter, berichten Austauschschüler immer wieder, daß in den Familien kaum noch gemeinsam gegessen wird. Wer Hunger hat, holt sich etwas, fertig. Gemeinsam sitzt man vielleicht noch vor dem Fernseher, sofern nicht schon jeder einen in seinem Zimmer hat, aber erfährt man dabei etwas von den anderen? Die Familie als Hotelbetrieb – das kommt natürlich Jugendlichen zunächst entgegen, die beginnen, mit ihrer Selbständigkeit zu experimentieren. Aber die Familie als Ort, an dem der Umgang mit Menschen verschiedener Interessen und verschiedener Altersstufen geübt wird, als Ort, an dem man aushalten lernt, was im Moment nicht angenehm erscheint, als Ort, an dem man erfährt, daß man gebraucht wird, die bleibt nur erhalten, wenn es Gelegenheiten gibt, zu denen sich alle sehen, zu denen jeder zwingend etwas von den anderen erfährt – und die anderen zwingen kann, ihn und seine Probleme wahrzunehmen.

Hier wird eine Entwicklung deutlich, die ich schon beim Thema Einkaufen beschrieben habe. Aus dem Umgang mit dem Essen verschwindet der menschliche Bezug. Es ist nicht mehr ein Mensch, der für mich kocht, sondern eine Fabrik, es deckt mir keiner den Tisch, ich hole mein Essen selbst, ich sitze nicht mit anderen zusammen, sondern allein über der Zeitung, dem Buch oder dem Comic.

Darin liegt eine Befreiung und ein Verlust zugleich. Aber warum sollte man nicht die Befreiung genießen und den Verlust verhindern? Ab und zu für sich allein zu essen kann ein großer Genuß sein, und verbindlich an gemeinsamen Mahlzeiten teilzunehmen ebenfalls. Als Eltern sollten wir darauf bestehen, mindestens eine gemeinsame Mahlzeit am Tag anzubieten – wenn es mehr sind, um so besser, sind es eine Zeitlang weniger, läßt sich auch das verkraften. Aber die Chance, am Familientisch miteinander in Kontakt zu bleiben, sollten wir immer wieder wahrnehmen, wenn es sein muß, auch gegen den Willen halbwüchsiger Kinder.

Die Regelmäßigkeit gemeinsamer Mahlzeiten erleichtert es allen, Achtung aufrechtzuerhalten: Achtung vor der Nahrung, Achtung vor der Mühe, die andere an die Zubereitung gewendet haben, Achtung vor dem gefühlsmäßigen Zusammenhalt der Familie.

Wenn Kinder außer Haus essen

Häufig ist es aber gar nicht innerfamiliärer Trubel oder individuelle Unlust, sich einem Familienritual anzupassen, was dazu führt, daß sich die Familie nur selten bei Tisch sieht. In vielen Familien ist es notwendig, daß die Kinder und Eltern vor allem die Mittagsmahlzeit außer Haus einnehmen. Essen bei der Tagesmutter, im Kindergarten, in der Ganztagsschule, im Hort ist für viele schon die Regel.

Häusliche Familienarbeit wird dadurch reduziert. Es muß weniger eingekauft, weniger gekocht, weniger weggeräumt werden, es bleibt Zeit für anderes, sei es für Berufsarbeit oder für ungestörte Hausarbeit. Dieser positive Effekt sollte nicht übersehen werden, zumal gerade die Mittagsmahlzeit häufig nicht nur Genuß, sondern auch Streß in die Familie bringt.

Ebenso wird die Familie von einem Teil der Erziehung entlastet. Die Kinder lernen auch von anderen, wie man sich bei Tisch verhält, und von anderen lernt es sich manchmal leichter als von Vater und Mutter. In das komplizierte Beziehungsgeflecht zwischen Eltern und Kindern wird bei einer wichtigen Mahlzeit des Tages nicht auch noch das Essen hineingeflochten, da kommt mancher Ärger gar nicht erst auf.

Nicht nur daß Reibungspunkte entfallen, für das Kind kommt ein neuer Erlebnishorizont dazu. Sicher auch ab und zu Ärger mit dem rüpeligen Tischnachbarn und Essen, das auch hier nicht immer schmeckt, aber es gibt noch eine andere «Eßfamilie» für das Kind, in der es sich anders fühlen wird als zu Hause – eine Erfahrung mehr.

Allerdings geht das einher mit einem doppelten Verlust: dem Verlust an Kontrolle über das Nahrungsangebot und einem Verlust an familiärer Nähe. Nun haben viele Eltern, deren Kinder außerhalb essen, gar keine Wahl. Sind beide Elternteile berufstätig oder leben die Kinder mit nur einem Elternteil zusammen, dann gibt es meist

Papa, das tollste am Picknick ist, daß man krümeln darf!

gar keine andere Möglichkeit, als die Kinder den Tag über von anderen betreuen und versorgen zu lassen.
Ausgefallenen Ernährungslehren nachzueifern kann man sich dann nicht leisten, und oft genug sind auch schon normal lebende Eltern nicht von dem begeistert, was ihren Kindern in Kindergarten und Hort vorgesetzt wird. Wer dennoch mit seinen Kindern eine durchdachte Ernährung praktizieren will, wird verschiedene Strategien des Ausgleichs entwickeln müssen.
Die offensive Strategie: sich in Essensangebot und Ablauf der Mahlzeit einmischen, beobachten, Alternativvorschläge machen und sie durchsetzen. Das kostet Zeit und Kraft und braucht immer Verbündete unter den anderen Eltern. Für teilzeitbeschäftigte oder freiberuflich arbeitende Eltern ist das sicherlich eine Lösung, die Ernährung der Kinder nicht vollständig aus der Hand zu geben, aber es gibt viele, denen das allein vom Zeitaufwand her nicht möglich ist.
Denen bleibt die defensive Strategie: Ausgleichen. Das vielleicht vorhandene Defizit an Vitaminversorgung durch Obst und Salat am Abend, das Defizit an Kommunikation durch einen anderen Familientreffpunkt, sei es ein ausgiebiges Abendessen oder ein regelmäßiger Spaziergang. Mancher mag diesen Weg sogar wählen, obwohl ihn keine Erwerbstätigkeit dazu zwingt, weil er den Streßfaktor «Essen» zwischen sich und seinen Kindern abmildern will.
Denn eines sollte man sich klarmachen: Unser Familientisch, von dem ich hier meist ausgehe, weil er bei uns noch immer die Regel ist, ist ja kein historisch unveränderliches Faktum. Menschen haben immer in verschiedenen Gruppierungen gegessen, und das war nicht immer die Familie.
Die Qualitäten, die ich hier dem Familientisch zugeschrieben habe wie Zuhören, Mitteilen, gemeinsam Genießen, Versorgen und Versorgtwerden, Berichten und Planen können natürlich auch woanders stattfinden, das muß nicht mittags am Eßtisch sein. Weder Sie noch Ihre Kinder werden darunter leiden, wenn Sie es schaffen, auf anderen Wegen Ihre Gespräche aufrechtzuerhalten.

Kapitel 6 Essen als Schlacht- und Spielfeld im Familienleben

«Der Mensch lebt nicht vom Brot allein» – diese alte Weisheit kann man auch auf den Familientisch übertragen. Da werden jede Menge soziale Bindungen und geistige Wertsetzungen vermittelt, zum Glück meist, ohne daß wir das bemerken. Die Komplexität dessen, was sich da abspielt, würde uns schier erschlagen, wollten wir diese Prozesse vollständig bewußt steuern. Dennoch kann es lohnen, ein wenig über die Beziehungsgeflechte beim Essen nachzudenken. Da sitzen Erfahrene (die Eltern) und Unerfahrene (die Kinder) am Tisch, und man sollte meinen, damit wären die Rollen klar. Aber zunehmend trauen die Erfahrenen ihren eigenen Erfahrungen nicht mehr und lassen sich von den Unerfahrenen eine Menge bieten. Dann bahnt sich ein Machtkampf an, mit der Besonderheit, daß eine Partei, nämlich das Kind, schwer enttäuscht ist, wenn es gewinnt. Das glauben Sie nicht?
Stellen Sie sich doch einmal vor, Sie würden, ohne die Sprache zu verstehen, ohne die Regeln zu kennen, ohne körperlich in der Lage zu sein, sich etwas zu essen zu beschaffen oder vom Fleck zu kommen, in eine völlig fremde Kultur verpflanzt werden. Was wäre wohl Ihr größter Wunsch? Doch sicher eine starke Person, die Sie in all das einführt, was in dieser fremden Kultur üblich ist. Mit einer Person, die nicht Sie fragt, was jetzt zu tun sei, sondern die Ihnen in Ihrer Unsicherheit zeigt, «wo es langgeht». Natürlich wollen Sie von dieser Person nicht dann etwas zu essen aufgezwungen bekommen, wenn Sie gar keinen Hunger haben, Sie wollen nicht von ihr aus dem Schlaf gerissen werden, wenn Sie noch nicht ausgeschlafen haben, Sie wollen nicht von ihr ins Bett gesteckt werden, wenn Sie noch ganz munter sind und alles gerade besonders spannend finden. Wenn sie darauf Rücksicht nimmt, dann werden Sie sehr zufrieden sein. Aber wenn Sie das Gefühl bekommen, diese Person wüßte selber nicht so genau, was eigentlich Sache ist, und

Als ich so alt war wie du,
war das mein Lieblingsessen!

hätte es sehr gerne, wenn Ihre Bedürfnisse endlich ein Maßstab dafür werden, wie sie sich selber verhalten soll – was dann? Versuchen Sie einmal, sich das intensiv vorzustellen! Stellen sich da nicht Angstgefühle ein?

Sie bekommen etwas zu essen vorgesetzt. Es ist ein merkwürdiges Zeug, das man gar nicht in die Hand nehmen kann. Sie versuchen es natürlich, aber es tropft gleich wieder herunter, etwas bleibt allerdings kleben. Das lecken Sie ab. Sie spüren, daß die Nase verschmiert ist, aber das macht ja nichts. Nun kommt die Person, die Ihnen zur Einführung zugeteilt ist, und bringt ein eigentümliches Gerät, das sie in das schmierige Essen tunkt und Ihnen zum Ablecken in den Mund schiebt. Komisch. Der Finger ließ sich doch auch ganz gut ablecken. Aber es soll wohl so sein, na gut. Spaß macht es nicht, und schwierig ist es auch, darum wehren Sie sich ein bißchen, versuchen trotzdem noch etwas vom Finger abzulecken. Im übrigen wollen Sie auch mal probieren, wie das mit dem merkwürdigen Gerät funktioniert, schnappen sich das Ding und versuchen auch, es in den Brei zu tunken. Ein bißchen zu schnell, schon spritzt es, Ihre Betreuungsperson schreit auf – warum eigentlich? Sollte das nicht erwünscht sein? Ärgerlich ist das schon, diese elende Esserei mit diesem harten Gerät. Sie versetzen ihm einen Stoß, daß es quer über die Platte rutscht, auf dem die Schüssel mit dem Eßbrei abgestellt ist.

Doch was passiert nun? Auf einmal trägt der große Alleswisser dieses Ding wieder fort, nimmt sogar das Essen weg! So eine Enttäuschung. Aber nein, da bringt er ja etwas Neues, Stückchen von süßer, weicher Beschaffenheit, die man gut mit der Hand in den Mund stecken kann! Auch gut, immer her damit. Heute sind sie weicher als gestern, sie lassen sich ganz leicht zerdrücken. Aber dann lassen sie sich nicht mehr so gut in den Mund stecken, und außerdem haben sie gestern anders geschmeckt. Sie geben einen Unmutslaut von sich. Der Alleswisser stöhnt auf, nimmt die weichen, süßen Stückchen fort und bringt nach einer Weile kleine Bröckchen, auf die etwas Salziges draufgeschmiert ist. Herrje, langsam wird es anstrengend. Was, zum Teufel, steht denn jetzt an?

Sie geben wieder Unmutslaute von sich, worauf Ihr mächtiger Beschützer stöhnend auf dem Stuhl zusammensinkt. Sollte das alles so kompliziert sein, daß man in Stöhnen ausbrechen muß? Dann muß die Welt drum herum ja wirklich beängstigend sein, wenn schon so ein bißchen Durcheinander diesen mächtigen Beschützer durcheinanderbringt. Was tun? Immerhin, wenn Sie schon nicht herausbekommen, was es nun eigentlich zu essen gibt und wie man das am besten zu sich nimmt, wissen Sie jetzt wenigstens, daß Sie mit den Unmutslauten den mächtigen Alleswisser zum Stöhnen bringen können, das ist ja auch schon etwas. Am besten, Sie probieren es gleich noch einmal aus...

Zugegeben, ganz so einfach läuft das bei den Kindern sicher nicht ab. Und die Unsicherheit baut sich nicht bei einer Gelegenheit auf, sondern setzt sich aus Hunderten solcher Situationen zusammen. Wir Eltern, wir «mächtige Alleswisser», haben es natürlich auch nicht leicht. Denn tatsächlich wissen wir ja gar nicht alles. Und wir haben sehr gut in Erinnerung, daß uns das Alleswissertum unserer eigenen Eltern ganz gewaltig auf die Nerven gegangen ist. Daß diese Erinnerung aus Zeiten stammt, in denen wir wesentlich älter waren als die Kleinen, die da an unserem Tisch sitzen und erst einmal wissen wollen, wie das Leben überhaupt funktioniert, das vergessen wir allzu leicht. Wer sich darauf einläßt, die Kinder vom ersten Tag an als ernstzunehmende Persönlichkeiten zu betrachten, der neigt auch dazu, sich ihnen gegenüber ähnlich zu verhalten wie den «ernstzunehmenden» Erwachsenen in seiner Umgebung. Ich weiß noch sehr gut, daß mir unserer Ältester von den ersten Tagen an wie das «Kind an sich» vorkam, alles andere, was da herumlief, war viel zu groß. Und dieses «Kind an sich» mußte natürlich gehört werden, wenn es um seine Belange ging – daß das Kind viel lieber selber erst einmal «gehört» hätte, das war mir nicht bewußt. Gerade wenn es um Tischsitten geht, mögen wir es gar nicht, das Wörtchen «hören». Viel zu sehr haben wir alle möglichen schrecklichen Dinge im Kopf, die wir in unserer Kindheit am Familientisch erleiden mußten, und daß man dabei «hören», «gehorchen» mußte. Das wollen wir doch unseren Kindern nicht antun!

Daß wir dabei einige der Erwartungen nicht erfüllen, die Kinder an uns stellen, sie dadurch in große Unsicherheit stürzen und unseren eigenen Alltag durcheinanderbringen, das ist uns häufig nicht klar. Was erwarten sie denn, die Kleinen?
Etwas zu essen, klar. Und das sollte den zarten Geschmacksnerven der Kinder angepaßt sein. Sie erwarten aber nicht, daß sie vor jeder Mahlzeit gefragt werden, was sie denn essen wollen. Sie erwarten eher von sich selber, daß sie dasselbe essen wie die anderen. Sie erwarten, daß von ihnen erwartet wird, sich so zu verhalten wie die anderen. Das gelingt ihnen nicht immer gleich. Aber daraus, daß es ihnen nicht gelingt, zu schließen, sie wollten es nicht, ist ein häufig gemachter Fehler.
Unsere Schwierigkeit ist ja nun tatsächlich, daß in den letzten Jahrzehnten vieles an Selbstverständlichkeit eingebüßt hat, was für unsere Eltern noch unumstößlich war. Sie waren wirklich fest davon überzeugt, daß man bei Tisch nicht kleckert und mit den Händen im Essen herummatscht. Dazu war das Essen viel zu kostbar. Unsereinem klingen die wohltönenden Reden von den sinnlichen Erfahrungen im Ohr, die wichtige pädagogische Erkenntnis, daß Kinder alles erst einmal anfassen müssen, und schon überfallen uns fundamentale Zweifel, ob wir dem Kind tatsächlich verwehren sollen, sich das Gesicht mit Kartoffelbrei einzucremen. Zuwider ist es uns zwar auch, aber dem Kinde zuliebe, das diese Erfahrung ja unbedingt braucht, lassen wir es gewähren und wischen danach die Manscherei seufzend wieder auf. Dabei spielt natürlich auch eine Rolle, daß für uns der Kartoffelbrei billig und in jeder beliebigen Menge zu haben ist, warum soll das Kind nicht damit spielen? Und der Pulli kommt danach in die Waschmaschine, es liegen ja noch zehn Stück davon im Regal...
So geht es uns mit vielen anderen Verhaltensweisen, die uns in unserer Kindheit strikt verboten worden sind und bei denen uns heute Wellen von Mitgefühl überkommen für die geknechteten Kinder. Sie haben doch solch einen Bewegungsdrang – warum sollen sie nicht mit dem Stuhl kippeln; den kann man doch leimen, das Selbstbewußtsein des Kindes nicht, das durch die ständigen Er-

mahnungen zu Bruch geht! Und man muß sie doch auch ernst nehmen, wenn sie etwas zu sagen haben; warum sollen sie still sein, wenn die Erwachsenen reden, solange warten können sie doch noch gar nicht. Und mit vollem Mund reden, ist schließlich auch nicht so schlimm. Und warum sollen sie den Löffel nicht von oben anfassen – nur weil es uns Erwachsenen nicht gefällt? Solange sie nicht kleckern, spricht doch eigentlich nichts dagegen!

Bitte verstehen Sie mich jetzt nicht falsch. Ich bin ganz sicher kein Verfechter von Zucht und Ordnung am Familientisch. Wir können nicht bruchlos in die Zeiten unserer Großmütter und -väter zurück. Den Auswirkungen von Nahrungsüberfluß, Selbstverwirklichungsideen, Toleranzdenken und kindzentrierter Pädagogik können wir uns nicht einfach entziehen. Von allen Seiten sind wir umlagert von Hinweisen, wie wichtig es sei, die Bedürfnisse der Kinder nicht zu frustrieren. Wie sollen wir da noch guten Mutes Maßstäbe setzen, wenn wir ständig Gefahr laufen, die zarte Kinderseele zu verletzen?

Ich denke, es ist ganz einfach: Wir müssen entscheiden, was *uns* wichtig ist. Wenn wir es nicht mögen, daß mit den Beinen gebaumelt wird, dann wird nicht mit den Beinen gebaumelt, und wenn die Kinder hundertmal einen großen Bewegungsdrang haben. Den dürfen sie dann austoben, wenn es bei Tisch nicht stört. Wenn wir es nicht mögen, daß mit offenem Mund geschmatzt wird, dann wird nicht mit offenem Mund geschmatzt, auch wenn wissenschaftlich nachgewiesen ist, daß die Abneigung gegen das Schmatzen nichts weiter ist als eine kulturell bedingte Empfindlichkeit, die die Entfremdung des zivilisierten Menschen von seiner Sinnlichkeit dokumentiert.

Das Wissen um diese Bedingtheiten von überkommenen Regeln ermöglicht uns ja immerhin, den Kindern außerhalb der Mahlzeiten Räume zu schaffen, in denen sie ihren Bewegungsdrang und ihre Sinnlichkeit ausleben können. Das ist auch der wesentliche Unterschied zu den restriktiven Tischsitten unserer Kindheit, als man eben am Sonntag nicht nur bei Tisch stillsitzen mußte, sondern den ganzen Tag nicht toben durfte wegen des feinen Sonntagskleids.

Einschränkungen und Zumutungen Kindern gegenüber haben ja einen doppelten Effekt, der auch bei Tisch zum Tragen kommt: Zum einen ist es natürlich eine Behinderung der Bewegungslust, stillsitzen zu sollen, eine Behinderung der Eßlust, auf die anderen warten zu sollen, eine Behinderung der Mitteilungslust, die anderen ausreden lassen zu sollen. Aber es ist auch mit der Annahme gekoppelt, daß das Kind stark genug sei, sich schon wie ein Großer zu verhalten. Wer einem Kind alles durchgehen läßt, teilt ihm gleichzeitig mit, daß er es nicht für fähig hält, seine Impulse zu beherrschen. Die darin verborgene Demütigung spüren die Kinder sehr genau und müssen sich nur noch verrückter aufführen, um sich wenigstens den Anschein von Wichtigkeit zu verschaffen.

Die Kinder in den Großen

Nun habe ich immer von «Eltern» gesprochen. Wenn es denn so einfach wäre! Sind Sie alleinerziehend, dann trifft das zu, sitzen aber beide Eltern mit am Tisch, wird schon ein doppelter Strang geflochten. So, wie Kinder es gerne haben, wenn klar ist, wie sie sich verhalten sollen, so haben sie es auch gern, wenn sich Vater und Mutter einig sind, aber das ist oft gar nicht so einfach zu erreichen. Denn am Tisch sitzen nicht nur Vater und Mutter, da sitzen auch die Kinder, die sie einmal waren. Und diese Kinder erinnern sich an Zwänge, die ihnen schrecklich waren; hier ein paar Beispiele aus meiner kleinen Umfrage:
Die Frage lautete «Gab es Regeln, die Sie als Kind gestört haben?»
Und die Antworten:
«Es wird gegessen, was auf den Tisch kommt!»
«Du bekommst keine Extrawurst gebraten!»
«Das ist gesund und wird gegessen!»
«Vater bekam das größte Stück Fleisch.»
«Tischgebet, Sitzenbleiben bis zum Schluß, kein Kleckern auf Tischtuch und Kleidung, auch eklige Sachen wenigstens probieren.»

«Tischmanieren, Hände auf dem Tisch.»
«Redeverbot für Kinder, Mengenvorgabe durch Eltern.»
«Mein Vater durfte zum Essen trinken, wir zwei Kinder nicht. Mein Vater nahm sich immer zuerst und bekam vom Hühnchen immer die Keulen.»
«Alles aufessen müssen; Speisen essen, die ich eklig fand; ‹Kinder bei Tisch sind stumm wie die Fisch›(!)»
«Gerade sitzen, nicht mit vollem Mund sprechen, die Eltern ausreden lassen.»
Es läuft immer wieder auf dieselben Ärgernisse hinaus: Essen müssen, was man nicht mag, aufessen müssen, gerade und still sitzen müssen, sitzen bleiben müssen, nicht reden dürfen – unterm Strich: Einschränkungen der Sinnlichkeit und Spontaneität.
Als Eltern begreift man sehr bald, wie die Generationen vor uns auf die Idee kamen, Kinder so einzuschränken. Läßt man sie essen, wie sie wollen, was sie wollen und wieviel sie wollen, ist das Durcheinander perfekt, und den Erwachsenen schmeckt nichts mehr.
Aber noch keine Generation vor uns hat die Bedürfnisse der Kinder so sehr zum Maßstab gemacht wie die unsere. Im Gegensatz zu unseren Altvorderen glauben wir, Schaden anzurichten, wenn wir die Kinder zu stark zügeln.
Sagt denn nicht unsere Erinnerung, daß es wirklich Groll auf Lebenszeit hervorruft, wenn man zum Essen von ekligen Speisen gezwungen wird? So zanken sich bei Tisch nicht nur unsere Kinder, sondern auch noch das Kind in uns mit dem Erwachsenen in uns und obendrein noch mit dem erwachsenen Partner, der uns gegenüber sitzt.
Anlässe gibt es genug. Da sind die ernährungswissenschaftlichen Erkenntnisse. Als Erwachsener denkt man nicht nur darüber nach, ob das, was man ißt, gut schmeckt, sondern auch, ob es gesund ist. Und darüber kann man mit dem Kind in sich ganz schnell in Streit geraten. Wenn sich dieses Kind dann noch mit den wirklich am Tisch sitzenden solidarisiert und von innen heraus stichelt, daß das doch wirklich nicht schmeckt, dann gelingt es nur den wahren Lebenskünstlern, nicht offen oder unterschwellig ärgerlich zu werden

– auf die real vorhandenen Kinder, die es einem so schwer machen, den «alten Adam» zu überwinden.

Ich denke, diese Kinder in den Großen haben in vielen Familien schon beachtliche Siege erzielt gegen alle vegetarischen Vollwertlehren und anständigen Tischsitten. Man hat ein schlechtes Gewissen, weil man es wieder nicht «richtig» gemacht hat, aber man wollte es eigentlich gar nicht «richtig» machen, denn das Kind in einem selbst rebelliert dagegen; man hätte dieses Kind aber überwunden, wenn man nicht auch noch gegen die meuternde Bande ankämpfen müßte, die da real um den Tisch sitzt. Und nun sucht man einen Schuldigen – wer ist's? Die Kinder. Und der Partner, der einem nicht beigestanden hat in diesem Kampf um die reine Lehre.

Ich will nicht übertreiben. Die meisten Familien haben mit der Zeit ein Arrangement entwickelt, in dem alle ihren Platz haben, auch die Kinder in den Großen.

Doch ab und zu gerät dieses Arrangement aus den Fugen. Das geschieht einerseits, wenn die realen Kinder neue Bedürfnisse und Verhaltensweisen entwickeln, es geschieht aber auch, wenn sich die Kinder in den Erwachsenen an Dinge erinnern, die lange verschüttet waren und nun wieder danach rufen, beachtet zu werden. Zum Beispiel die genossene Gemütlichkeit am Tisch daheim, die immerhin die Kehrseite der vielen Einschränkungen war.

Stellen Sie sich spaßeshalber vor, eines Ihrer Kinder setzte sich mit einer verrückten Mütze auf dem Kopf an den Tisch. Wie reagieren Sie darauf? Haben Sie Erinnerungen an kleine Geschwister, die vielleicht auch mit Mütze auf dem Kopf zum Essen erschienen, fällt Ihnen das möglicherweise gar nicht auf. Kommen Sie aus strengerer Schule, werden Sie empört sein. Sind Sie entsetzt und Ihr Partner merkt es nicht oder umgekehrt, dann ist der nächste Disput über die Erziehungsstile fällig.

...und wenn ich groß bin, lade ich Papa und Mama zu mir ein, und sie müssen alles, alles aufessen!

Nun geht die Dynamik am Familientisch ja meist von den Kindern aus, vor allem wenn da mehrere versammelt sind. Sie finden sich in einer Doppelrolle.

Zum einen sind Geschwister eine Solidargemeinschaft, die vereint dem Ansinnen der Eltern entgegenarbeitet, sich gesittet zu betragen. Sie verteidigen die sinnliche Gemütlichkeit beim Essen, die Lust am Schmatzen und Rülpsen, sie kämpfen gegen die verordnete Zügelung des Bewegungsdrangs und gegen eklige Speisen und den Sauberkeitswahn der Erwachsenen.

Aber dann sind sie auch Konkurrenten, erbitterte Gegner im Wettlauf um die besten Bissen, die Gunst der Eltern und die Macht über die Geschwister.

Die ganz einfache Geschwisterliebe gibt es natürlich auch, die teilt, abgibt, hilft und verzichtet zugunsten anderer. Aber sie kommt nur dann zum Zuge, wenn die Konten der Solidarität gegenüber den Eltern und der Konkurrenz untereinander ausgeglichen sind. Preisen Sie sich glücklich, wenn das bei Ihnen die Regel ist.

Die Solidargemeinschaft der Geschwister

Die Solidargemeinschaft sitzt den Eltern gegenüber und befindet gemeinschaftlich, ob die vorgesetzte Mahlzeit eßbar ist oder nicht.

> Bei uns ist Clara großes Vorbild für Nora. Nora findet alles gut, was Clara gut findet, und alles schlecht, was Clara nicht mag. Langsam ändert sich das, immerhin geht Nora inzwischen zur Schule. Aber noch vor kurzem kam es nicht selten vor, daß Clara bei Tisch behauptete, sie möge keine Kartoffeln. Worauf Nora verkündet, sie möge auch keine Kartoffeln und sie konsequent vom Teller schiebt. Das Essen nimmt seinen Lauf, Clara mümmelt verdrossen die eine Kartoffel, die wir ihr gnadenlos zugeteilt haben, Noras Kartoffel liegt noch immer neben dem Teller. Die Mahlzeit nähert sich ihrem Ende und Noras Blick der Kartoffel. Wir fangen

Wer hat von meinem Tellerchen gegessen?

an abzuräumen, da pikt die Kartoffel auf der Gabel. Wir nehmen ihr den Teller weg, da kreischt sie los «Ich bin noch nicht fertig!» – man versteht sie kaum, weil sie den Mund voll Kartoffel hat. Also bleibt der Teller stehen, aber die Kartoffelschüssel wandert aufs Tablett. «Ich will aber noch welche!» Na gut, auch die Schüssel darf bleiben.

Das Ganze endet mit dem friedlichen Bild eines allein am Tisch sitzenden kleinen Mädchens, das schon die vierte Kartoffel verdrückt, nachdem es zuvor dafür gesorgt hat, sein Selbstgefühl an seinem großen Vorbild ausrichten zu können.

Die Orientierung an größeren Geschwistern hat natürlich auch den möglicherweise angeborenen Grund, daß sich Kinder, je kleiner sie sind, um so weniger auf Experimente einlassen, was das Essen angeht. Sie verlassen sich dann darauf, daß die Großen schon getestet haben werden, was schmeckt und was nicht. Und sie können sich auf diese Art ihren Platz innerhalb der Geschwistergruppe sichern durch diese sehr sinnliche Art der Solidaritätserklärung.

Aber nicht nur der Friede ist Markenzeichen der Solidargemeinschaft.

Dank unserer Bank sitzen unsere Kinder ziemlich auf «Tuchfühlung». Lena, voll von überschüssigen Energien, liebt es, ihre Finger zwickenderweise – oder nur unter Androhung von Zwicken – ihrer Schwester Clara zu nähern. Die läßt sich nichts gefallen und zwickt zurück. Und so kann das eine ganze Weile hin und her gehen.

Hier scheinen sich zwar die Schwestern spinnefeind, aber wehe, die Eltern mischen sich ein um des lieben Friedens willen. Dann wird nur um so heftiger das eigene Recht verteidigt, sich für erlittenes Unrecht zu rächen. Aufzuhören und damit auch dem anderen das Recht zu nehmen weiterzumachen, würde ja bedeuten, sich auf die Seite der Eltern zu schlagen. Daß das nicht das Ziel sein kann, darin sind sich die beiden einig.

Diese unsichtbare Solidarität der Geschwister bei Tisch sollten wir nicht unterschätzen. Wenn eines matscht, schmatzt, rülpst oder das

Essen verweigert, tut es das auch stellvertretend für die anderen, die vielleicht schon zu alt dafür sind oder nicht den Mut zur Frechheit haben.

> Meine Brüder waren große Meister im Rülpsen. So richtig aus tiefstem Magengrunde kam das Donnergrollen, das meine Eltern «unflätig» fanden. Und ich, wohlerzogene Älteste, des Rülpsens nicht mächtig, verurteilte ich die Unsitten meiner Brüder? Keineswegs, mit klammheimlicher Freude beobachtete ich, wie sie meine Eltern aus der Fassung bringen konnten. Die Chance, es tatsächlich abzustellen, hatte meine Mutter ohnehin dadurch verspielt, daß sie davon berichtet hatte, wie gut ihr Bruder rülpsen konnte ...

Hier sieht man es wieder: Sobald sich das kleine Mädchen in meiner Mutter, das sich wahrscheinlich auf ähnliche Weise wie ich daran ergötzt hatte, wie ihr Bruder die Großen schockierte, mit den eigenen Kindern solidarisierte, war es aus mit ihrer Durchsetzungskraft.
Natürlich kommt es auch vor, daß Kinder sich gegenseitig maßregeln. Genau betrachtet sind das aber meist Versuche, die Homogenität der Geschwistergruppe wiederherzustellen. Ein «Mama, Peter baumelt mit den Beinen!» kommt mit Sicherheit dann, wenn das Kind, das so auf Einhaltung der Regel besteht, vor kurzem von den Eltern für dasselbe Vergehen getadelt worden ist. Ungleichbehandlung, das können Kinder nicht vertragen!
Ebenfalls aus dieser Solidarität erwächst das Austauschen unbeliebter Essensbestandteile, eine Methode, die mir auch aus anderen Familien berichtet wurde.

> Gibt es bei uns Linsensuppe, sind alle zufrieden – aber nicht, weil jeder alles mag, was in dieser Suppe herumschwimmt. Da wandern Kartoffelstückchen, Mohrrübenscheiben, Fleischwurststücke und löffelweise Linsen pur von einem Teller zum anderen, und weil wir das tolerieren, ist am Ende der Topf meist leer, und allen hat es geschmeckt.

Die stillschweigende Übereinkunft der Kinder, daß natürlich mal wieder nicht alles schmeckt, was da auf dem Tisch steht, ermöglicht diesen Austausch, ähnlich wie beim Abschreiben in der Schule, was ja auch einfach die Ansinnen der Erwachsenen unterläuft. Mit dem Unterschied, daß es nicht gar so viel Ärger gibt.

Geschwister als Nebenbuhler

Nun wird die Einigkeit der Kinder aber immer wieder gesprengt durch ihre eigenen Konkurrenzen untereinander. Denn der Streit bei Tisch findet zwar statt in der Einigkeit den Erwachsenen gegenüber, ist und bleibt aber ein Streit. Oder besser gesagt, ein Wettlauf, das klingt nicht gar so drastisch, und lautstark gestritten wird ja auch nicht immer.

> Tatsächlich hat sich eine befragte Mutter beschwert: «Die Fragen beinhalten, daß Essen mit Kindern Streß ist. Das empfinde ich aber eigentlich nicht. Von sieben Essen ist es höchstens eines, das danebengeht. Die Kinder sind nicht immer begeistert von den Regeln, aber da es nicht so viele sind, klappt es ganz gut.»

Sicher hat sie recht. Aber wenn unter Erwachsenen eins von sieben Essen im Chaos enden würde, würde man sich schon ernsthaft fragen, was hier eigentlich los ist.
Gerade die Konkurrenzen unter den Kindern können den Erwachsenen bei Tisch schon ziemlich zusetzen, selbst wenn es keinen Streit gibt. Möglichst gleichzeitig das Essen zu verteilen, möglichst keinem zuviel oder zuwenig zu geben, möglichst darauf zu achten, daß sich alle an dieselben Regeln halten, zuzusehen, daß jeder mit seinem Sitzplatz zufrieden ist – das bedeutet neben dem schlichten Essen eine Geistesgegenwart, die eben doch nahe am Streß angesiedelt ist.
Früher waren diese Punkte durch Familienhierarchie geklärt, in der die Kinder ans Ende gehörten. Der Vater bekam zuerst, er bekam das größte Stück, er saß auf dem besten Platz, er durfte sich be-

nehmen, wie er wollte. Die demokratischeren Formen des Aushandelns von Rang und Gewicht innerhalb der Familie sind anstrengender, und sie führen zu wenig dauerhaften Regelungen.

An so einem «demokratischen» Familientisch spielen sich häufig Umkehrungen der früheren «autoritären» Situationen ab. Nicht der Vater bekommt zuerst, sondern das kleinste Kind, nicht der Vater bekommt das beste Stück, sondern ebenfalls das Kind, nicht der Vater sitzt auf dem besten Platz, sondern das Kind, nicht dem Vater werden Benimmfehler nachgesehen, sondern...

Was ist daran eigentlich weniger autoritär? Vermutlich gar nichts. Der Groll entsteht nur mit der Zeit auf seiten der Eltern.

Bei Familien mit mehr als einem Kind verhindert (meistens) der Gerechtigkeitssinn der Kinder, daß sich eines zum Herrscher aufschwingt, aber auch hier dürften die Eltern ständig zurückstecken.

> Bei uns ist ein Feld, auf dem der Wettlauf gegen die anderen ausgetragen wird, das Verteilen der Getränke. Da ich es als Kind nicht gewohnt war, daß es mittags ein Getränk gab, passiert es mir noch heute, daß ich die Sprudelflasche samt den Gläsern vergesse. Verlangt ein Kind zu trinken, wird es nach Sprudel und Gläsern geschickt. Oft genug kommt es vor, daß es mit der Flasche und einem einzigen Glas anrückt. Hat es dann knurrend noch fünf weitere Gläser geholt, gießt es sich ein und ißt weiter, während drei weitere Gläser hingehalten werden mit der Bitte «Ich auch!». «Wieso?» heißt es dann, «ich habe doch schon die Gläser geholt, warum soll ich auch noch eingießen?» Und wieder müssen wir Eltern die Diskussionsleitung übernehmen für eine neue Runde in Sachen Verantwortungsbewußtsein, Demokratie und Großzügigkeit.

Diese ständige Diskussionsleitung strengt an. Denn Kinder sind nicht per se demokratisch. Daß es den anderen nicht bessergeht als ihnen selbst, darauf sind sie bedacht, aber daß es ihnen auch nicht besser gehen soll als den anderen, darauf verwenden sie wenig Aufmerksamkeit. Bestehen deutliche Regeln, braucht darauf auch nicht geachtet zu werden. Bekommt der Vater immer die Hähnchenkeule, braucht keiner darüber nachzudenken, wer als letzter die Keule hatte und wer nun mit diesem Privileg dran ist.

So ist das Konkurrenzverhalten der Kinder am Familientisch zwiespältig. Einerseits akzeptieren sie klare Regeln, weil sie weniger anstrengend sind, andererseits bedeutet flexibles Umgehen mit «Bevorzugungen», daß jeder einmal in ihren Genuß kommen kann.

«Bevorzugungen» – was kann das alles sein? Ein bestimmter Platz, als erster nehmen zu dürfen oder aufgetan zu bekommen, von etwas Leckerem besonders viel zu bekommen, etwas nicht essen zu müssen, später zu kommen und früher aufstehen zu dürfen, Spielzeug mit an den Tisch bringen zu dürfen, bei Tisch lesen zu dürfen, reden zu dürfen, wann immer es einem beliebt.

Die Solidargemeinschaft – das sind die Kinder den klar vorgebrachten Anforderungen der Erwachsenen gegenüber. Dagegen zielt die Truppe konkurrierender Streithähne auf die unsicheren Eltern, denn denen kann man durch Geschrei, Mitleidserregung, Verweis auf andere, die alles dürfen, durch Androhung von Hungerstreik und Erpressung eine ganze Menge Privilegien abringen, die vom gewünschten Verhalten bei Tisch meilenweit entfernt sind. Das geht natürlich nur allein, versteht sich, denn ein Privileg soll ja vor den anderen auszeichnen, da ist die Solidarität der Geschwister nicht gefragt.

Den Kindern ist natürlich nicht auf die Stirn geschrieben, in welche Richtung ihr Verhalten gerade zielt. Aber wenn Sie diese Möglichkeiten einmal im Kopf durchspielen, dann können Sie bei Tisch auch klarer reagieren.

Herrlich, so'n Fieber,
man darf essen und trinken, was man will, und alles wird abgeräumt.

Essen ist nicht nur Ernährung – es wird auch zum Betäuben von Mißempfindungen jeder Art eingesetzt, das weiß jeder. Und daß das Essen selber zu einem Problem werden kann, auch das ist bekannt. Da wird versucht, ein außerhalb des Essens liegendes Problem mit Zunge und Gaumen zu lösen, und dieser Versuch gebiert oft nichts weiter als ein neues Problem.

Wie kommt es aber dazu?

Es gibt keinen direkteren Weg in den Kern eines Menschen als das Essen, den Mund. Für den Säugling ist die Mutterbrust alles in einem, Nahrung und Trost, Welterfahrung und Geborgenheit, Erlebnis des Du und Erlebnis des Ich. Von hier aus wird der Kreisel des Lebens in Gang gesetzt, und sobald er ins Schlingern gerät, kann er von hier aus wieder in ruhigen Lauf versetzt werden.

Die Erinnerung daran bleibt, auch wenn noch andere Strategien dazukommen, die einen Menschen wieder «ins Lot» bringen können. Man kann sich beispielsweise einfach ausruhen, sich Reizen entziehen, die einen durcheinanderbringen. Sicherlich ein sehr empfehlenswertes Mittel, das aber auch entgleisen kann. Wer Problemen immer durch Reizentzug zu Leibe rückt, der rückt eigentlich gar nichts mehr zurecht, sondern entzieht sich, isoliert sich, kapselt sich ab.

Oder man versucht, durch Bewegung durcheinandergeratene Energie wieder zu bündeln, durch Jogging, Schwimmen, Tanzen, Tennisspielen. Auch sehr lobenswert, aber auch das kann in neuen Streß ausarten.

Man kann mit anderen reden, man kann sich etwas Gutes tun, indem man sich zerstreut durch Kino oder Fernsehen, man kann sich zur Selbsttröstung neue Klamotten kaufen – der Möglichkeiten sind viele.

Verglichen mit diesen ebenfalls wirksamen Strategien hat das Essen einen Vorteil und einen Nachteil.

Der Vorteil: Essen ist hierzulande meist unproblematisch zu beschaffen, es steht schnell zur Verfügung und ist schnell verspeist. Man braucht weder viel Zeit noch viel Geld, wenn man sich durch einen Riegel Schokolade darüber hinwegtröstet, daß man einen wichtigen Anruf verpaßt hat, der Nachbar sich schon wieder über die lärmenden Kinder geärgert hat, der Große noch immer das Einmalsieben nicht kann und die Kleine zum dritten Mal heute die Hose naß gemacht hat. In so einer Situation hat niemand Zeit zum Schlafen, Joggen oder gar fürs Kino, aber ein Griff in die süße Kiste, der ist meist noch hinzukriegen.

Der Nachteil: Der Riegel Schokolade hilft nicht nur, sich in dem Augenblick wieder halbwegs einzurenken, sondern er führt dem Organismus Fett und Kohlehydrate zu, die er eigentlich gar nicht brauchen kann und sie darum klammheimlich an Hüfte, Po oder gar in den Herzkranzgefäßen deponiert. Oder er müht sich redlich, sie loszuwerden, und verbraucht dafür Vitamine und Mineralstoffe, die er anderweitig viel gescheiter einsetzen könnte.

Leckere Trösterchen aller Art

Die Leckerei als Trösterchen – sie gilt als der pädagogische Sündenfall schlechthin. Und wird doch immer wieder von den Kindern mit Nachdruck gefordert und von Eltern und Erziehern praktiziert. Und warum?

Weil es so prompt funktioniert.

Die Gegner dieser Praxis argumentieren damit, daß so den Kindern angewöhnt würde, bei jeder Frustration sich mit Essen zu trösten, vorzugsweise mit Süßigkeiten. Die Leckerei sei ein Ersatz für das, was eigentlich begehrt würde: menschliche Nähe, Trost, Zuwendung.

Wie nun, wenn dem nicht so wäre?

Stoßen wir hier nicht immer noch auf Reste des alten Erziehungsmodells, daß ein Kind nichts lernt, was es nicht unter Druck anerzogen bekommt?

Daß es immer herumgetragen werden will, wenn es als Säugling viel getragen wurde?

Daß es immer im Bett der Eltern schlafen will, wenn man es nicht von Anfang an an sein Bett gewöhnt?

Daß es in der Schule nicht wird stillsitzen können, wenn es nicht schon im Kindergarten dazu gedrillt wurde?

Daß es nie Spinat essen wird, wenn man es nicht schon als Kind dazu zwingt?

Was Hänschen nicht lernt, lernt Hans nimmermehr...? Dieser Satz hat seine Berechtigung, zweifellos. Wer als Erwachsener versucht, ein Musikinstrument oder eine Fremdsprache zu lernen, der wird sich voll Bedauern an diesen Spruch erinnern. Wenngleich man das «nimmermehr» streichen sollte und durch «nur noch schwer» ersetzen, denn auch Hans ist durchaus noch lernfähig!

Die Frage ist aber, ob dieser Satz auf alles zutrifft, was Erwachsene tun, oder ob er zwar für Fähigkeiten, nicht aber für Verhaltensweisen gilt.

Ein Kind sieht und erlebt die Welt anders als ein Erwachsener und setzt seine Sinne anders ein, um sie sich verständlich zu machen.
Den modernen Pädagogen und mittlerweile auch schon vielen Eltern (wenngleich durchaus noch nicht allen) ist völlig klar, daß Kinder Dinge anfassen wollen und müssen, um sich einen «Begriff» davon zu machen, wie sie sind.
Aber daß Kinder auch eine andere Beziehung zu ihrem Mund und ihrem Geschmacksempfinden haben, das wird meist nur mit Bedauern registriert, weil ihre Vorlieben so unvernünftig sind, und man sinnt mit Fleiß, wie ihnen diese Unvernunft auszutreiben sei.
Könnte man nicht eigentlich warten, daß sich ein Kind langsam aus dieser engen Verbindung von Mund und Welt löst, so wie es auch aus dem Zwang herauswächst, alles anfassen zu müssen?
Muß man wirklich befürchten, daß ein Kind, das mit drei Jahren ein Trösterchen bekommt, weil es sich das Knie aufgeschlagen hat, mit dreißig zwangsläufig Sahnetorte verschlingt, weil es Probleme mit den Kollegen hat?
Natürlich gibt es in diesem Bereich eine Schwierigkeit, die bei der Neigung der Kinder, alles anzufassen, keine Rolle spielt. Was durch den Mund geht, greift als Nährstoff in den Organismus ein. Und, das wissen wir, unter unseren Ernährungsbedingungen ist das nicht unbedenklich. Die Vorlieben, die unter natürlichen Bedingungen sinnvoll sind, können im Überfluß zum Schaden werden (vgl. Kapitel 10). So wie eine Quelle lebensspendend und eine Überschwemmung tödlich sein kann, ist bei uns tatsächlich eine Eindämmung der Flut von bedenklichen Geschmacksreizen notwendig. Geschmack kann eben nicht losgelöst vom Stoffwechsel des Körpers genossen werden.
Liebe geht durch den Magen, der Volksmund weiß das seit langem. Und ob der spöttische Unterton, den man manchmal darin zu vernehmen glaubt, gerechtfertigt ist, das sei dahingestellt.

Ich will es Ihnen gestehen: Bei uns gibt es «Trösterchen». Als unsere «Großen» von derlei schrecklichen Dingen aus dem Kindergarten erzählten, war ich empört. Aber im Laufe der Jahre habe ich gelernt, die «Trösterchen» gelassener zu betrachten. Ich glaube, daß die momentane Entlastung, die ein einziges Gummibärchen in eine Streßsituation bringen kann, um vieles hilfreicher ist als zum Beispiel wortreiche Tröstungen, die ein kleines Kind so überhaupt nicht aufnehmen kann. Natürlich wird bei uns auch gestreichelt, gedrückt und gewiegt, wenn es mal Tränen gibt, aber warum soll man nicht auch die Zunge mal streicheln? Wäre nicht der verdammte Zucker in den «Trösterchen», wäre die ganze Sache wahrscheinlich auch unter Pädagogen kein Thema. Süß muß es halt sein, das Trösterchen, ganz, ganz früh muß es ansetzen, bei dem Trostgeschmack der Mutterbrust, und den hat die Natur nun mal süß gemacht...

Die Erfahrung zeigt es immer wieder: Etwas weiches Süßes im Mund kann den scheinbar hoffnungslosesten Teufelskreis von Kinderzorn und Kindertränen durchbrechen.
Da ist ein kleiner Mensch in Unordnung geraten, durch körperlichen Schmerz oder seelische Verletzung, der Kreisel trudelt, die Balance ist dahin. Wenn man ihn an dem Punkt hält, an dem er sich schon als winzigstes Baby gehalten hat, am Mund, dann ist der Kontakt zu seinem Schwerpunkt tief drinnen am schnellsten wiederhergestellt.
Natürlich gibt es auch für das Kind noch andere Wege, wieder ins Gleichgewicht zu kommen. Ich habe es schon oft geschafft, völlig aus dem Takt geratene Kinder dadurch wieder ansprechbar zu machen, daß ich sie in die Badewanne gesteckt habe. Das Spielen im warmen Wasser muß einen ähnlichen Regressionseffekt haben wie Süßes auf der Zunge. «Ab in den Uterus!» möchte man fast sagen...
Oder das Schaukeln! Wie oft habe ich schon erlebt, daß ein Kind, das völlig verquer aus der Schule kam oder sonstwie durcheinander war, nach einer Viertelstunde auf der Schaukel wie verwandelt durch die Gegend hüpfte.
Oder Vorlesen! Ein weicher Sessel, ein schönes Buch und ein Vater oder eine Mutter, die Zeit haben, auch das tröstet ungemein.
Oder Mutters alte Puppe oder Vaters Lieblingsbär, die sonst nur

oben auf dem Schrank sitzen dürfen, die große, große Ausnahme – auch das lenkt ab und renkt ein.

Diese Alternativen zum Essen beruhen auf zweierlei: entweder, wie das Essen, auf einer Regression in weit zurückliegende Zustände, die noch nicht von der Gemeinheit dieser Welt heimgesucht waren. Oder auf einer zeitweise erreichten Macht über die Erwachsenen, die endlich einmal das tun, was das Kind schon immer von ihnen wollte, indem sie ihm einen wichtigen Teil von sich selbst zur Verfügung stellen.

Prinzipiell ist darin nichts besser und nichts schlechter, als wenn man etwas zum Trost in den Mund steckt. Man könnte im Gegenteil anführen, daß man ein Kind dazu erziehe, sich durch Weinerlichkeit seine Umgebung zum Diener zu machen, wenn man es regelmäßig per Zuwendung tröste. Und wenn man es in die Badewanne steckt, könnte man sich neben der ökologisch bedenklichen Wasserverschwendung vorwerfen lassen, das Kind bei jedem Kummer auf pränatale Körperlichkeit zu fixieren und ihm die Auseinandersetzung mit der harten, trockenen Welt zu ersparen. Nur werden diese Vorwürfe nicht gemacht, weil diese Tröstungen viel zu aufwendig sind, um so oft eingesetzt zu werden wie das Bonbon bei der frischen Beule.

Ich denke, es ist wichtig zu unterscheiden, welche Art von Kummer mit einem «Trösterchen» gelindert werden soll. Liegt er auf der unmittelbaren körperlichen Ebene, sehe ich keinen Grund, warum man nicht ebenso körperlich antworten sollte. Dem Kind, das vom Stuhl gefallen ist und sich am Kopf gestoßen hat, kann ein Gummibärchen auf der Zunge signalisieren, daß die Welt auch noch Besseres bereithält als den dummen Schmerz am Kopf, und der ist dann meist sehr schnell vergessen. Es gibt auch noch seelische Verletzungen, bei denen ich denke, daß ein Stückchen Schokolade keinen bleibenden Schaden anrichtet. Fühlt sich ein kleines Kind von Größeren rettungslos in die Enge getrieben, dann muß es aus diesem Gefühl, daß die Welt nur aus bösen Riesen besteht, schnell herauskommen, und, wir wissen es, einen raschen Trost über den Zustand der Welt verschafft etwas Süßes auf der Zunge.

Liegt aber das «Trudeln» auf einer anderen Ebene, kommt es aus dem Kind selber und nicht aus der «bösen Welt» um es herum, dann wird es allerdings gefährlich mit den «Trösterchen».
Einem Kind, das sich langweilt, sollten Sie ganz sicher nichts zu essen anbieten. Dann braucht es Ihre Ideen und Ihre Zuwendung. Wenn Sie es in dem Augenblick nicht in die Lage versetzen können, etwas Eigenes zu tun, dann ist es immer noch besser, sich die Mühe zu machen, es in das eigene Tun mit einzubeziehen, als ihm etwas in den Mund zu stecken.

> Ich kenne das: Ich muß dringend einen Stapel Wäsche wegräumen oder nasse Wäsche aufhängen oder die Straße fegen. Das ginge alles viel einfacher, wenn Nora für sich spielen würde. Aber es fällt ihr nichts ein, sie jammert und nölt. Das hört schlagartig auf, wenn sie mitmachen darf. Es würde auch aufhören, wenn ich ihr etwas Süßes geben würde – aber Langeweile ist kein Zustand, aus dem man durch Regression herauskäme.

Oder wenn ein Kind Probleme damit hat, mit einer Aufgabe zurechtzukommen, sei sie nun selbst gestellt oder von anderen, auch dann ist ein oraler Trost nicht angebracht. Wenn der Bauklötzchenturm immer wieder einstürzt oder die Rechenaufgabe einfach nicht aufgehen will, dann wäre ein Bonbon wohl ein vorübergehender Trost, aber das Problem wäre nicht aus der Welt geschafft. Das Gummibärchen nach der Beule relativiert die Wichtigkeit des Schmerzes, hilft, ihn als unbedeutend einzuordnen. Aber ein Gummibärchen zum Trost, weil man es nicht fertigbekommt, eine Rechenaufgabe zu lösen, bedeutet Flucht vor der Wirklichkeit und hat etwas Demütigendes an sich, auch wenn es im Augenblick die Verzweiflung mindert.
Und noch eine Trauer gibt es, die nach anderem ruft als nach Trost über den Mund. Wenn Kinder Probleme mit Freunden haben, sollten wir als Eltern die Flucht nach vorn unterstützen, nicht die Flucht in die Süße der frühen Kindheit. Kommt ein Kind heulend nach Hause, weil es von seinen Spielkameraden ausgeschlossen wurde oder weil sich der beste Freund mit jemand anderem verab-

redet hat, dann muß das Problem geklärt und nicht mit Zuckerzeug verkleistert werden.
Regression ist ein Zustand, in dem Reize reduziert werden, um dem betroffenen Menschen Erholung von Streß zu ermöglichen. Langeweile ist das Gegenteil von Streß, es ist Leere, die gefüllt werden muß. Mißerfolge im Umgang mit Dingen und Menschen können natürlich von Streßgefühlen begleitet sein, aber auch sie hinterlassen im Grunde eine Leere, die Aufgabe ist nicht bewältigt, die Beziehung zu den Menschen ist nicht zustande gekommen.
Es ist sicher nicht immer einfach zu unterscheiden, wann man als Erwachsener mit einem «Trösterchen» eine unübersichtliche Situation reduziert und es dem Kind erleichtert, sie zu bewältigen, und wann man es dazu verführt, eine entstandene Leere mit Essen zu füllen. Aber versuchen Sie diese Unterscheidung; wenn es nicht immer gelingt, ist das sicher nicht schlimm. Ich sehe zumindest keinen Sinn darin, nur weil man sich einmal vertun könnte und unangemessenerweise eine Lakritzrolle zuviel herausrückt, auf die Entspannung zu verzichten, die dieselbe Lakritzrolle in der richtigen Situation stiften kann.
Denn – seien wir doch ehrlich – auch wir Erwachsenen geben uns gern der Entspannung hin, die Zunge und Gaumen uns bieten können. Auch Erwachsene, die keineswegs unter Eßstörungen irgendwelcher Art leiden, brauchen immer wieder ihre Tasse Kaffee, ihr Pralinchen am Nachmittag, ihr Bier am Abend oder eine Mitternachtssuppe, wenn endlich mal Ruhe herrscht und man eigentlich besser ins Bett gehen sollte. Auch wir müssen uns immer wieder «zentrieren», wenn wir aus dem Lot geraten sind, und wir versuchen das ganz selbstverständlich auch über Essen und Trinken. Solange das nicht entgleist, sollten wir das ruhig genießen – warum nicht?

Nein, danke! Ich möchte meine Idealfigur behalten!

Wenn Kinder zuwenig oder zuviel essen

Wird auch viel Kummer durch Essen und Trinken gelindert, so passiert es doch häufig genug, daß das Essen selbst Kummer bereitet. Die «Pummelchen» und die «Spargel» treiben so manchen Eltern die Sorgenfalten auf die Stirn. Das entspannte Essen am Familientisch findet nicht statt, weil ständig darauf geachtet wird, ob das Sorgenkind nun wieder zuviel oder zuwenig ißt.
Ist das wirklich nötig?

Vor kurzem fuhr ich Kinder zum Kinderchor, zwei davon sehr schlank, um nicht zu sagen dünn. Ich wurde Zeuge eines Gesprächs, in dem sie sich über die Schuluntersuchung durch eine Amtsärztin unterhielten.
«Ob ich was frühstücke, hat sie gefragt», kicherte Wiebke, «natürlich frühstücke ich! Ich soll mindestens ein ganzes Brötchen essen, hat sie gesagt! Das kriege ich am Morgen gar nicht rein!» Und Pierre, nicht minder erheitert: «Mich hat sie gefragt, ob ich Frühstück mit in die Schule nehme! Tu ich doch! Aber dicker werde ich davon auch nicht!»

Ich kenne beide Familien, aus denen die Kinder kommen – hätte die Ärztin sich danach erkundigt, hätte sie wahrscheinlich gewußt, daß ihre Ermahnungen vergebliche Liebesmüh waren. Es sind sorgfältig erzogene, sorgfältig ernährte Kinder, die lebhaft und energiegeladen sind, sie sind eben bloß dünn.

Oder auch unser Ältester: Nachdem wir uns jahrelang Sorgen machten wegen seiner Stämmigkeit, ist innerhalb kurzer Zeit ein schlanker Jugendlicher aus diesem rundlichen Kind herausgewachsen.

Aber warum werden eigentlich diese Abweichungen vom «Normalgewicht» so ängstlich beobachtet? Bei der Körpergröße wird von vornherein eine gewisse Bandbreite als normal betrachtet, kein

Mensch regt sich darüber auf, daß es kleine und große Leute gibt. Aber ob jemand dick oder dünn ist, das wird genau registriert.
Das ist es nämlich: Man kann sich Gedanken darüber machen. Wie groß jemand wird, dafür kann er nun wirklich und wahrhaftig nichts. Aber ist er dick, kann man einiges argwöhnen: Ißt er vielleicht unmäßig? Unkontrolliert? Hat er Probleme mit sich selbst? Mag er sich selber nicht, weil er nicht für ein attraktives Äußeres sorgt? Dabei ist das mit der Attraktivität so eine Sache. In anderen Kulturen gilt dick durchaus als schön, es ist ein Zeichen für Reichtum, und Reichtum macht attraktiv...
Wie dem auch sei, das Körpergewicht ist bei uns ein Feld der Sorge. Das hat zum Teil medizinische Gründe, denn ein menschlicher Körper wird krank, wenn seine Organe auf die Dauer zu viele Pfunde Körpermasse versorgen müssen. Aber es hat auch Gründe jenseits der reinen Körperlichkeit. Wie schon gesagt, beschwört der Anblick eines Dicken die Assoziation von Unbeherrschtheit herauf. Und einen Dürren umgibt eine Aura des Dahinschwindens und der Zerbrechlichkeit, Anmutungen, die sowenig wie Mangel an Selbstkontrolle in unser von Leistungsdenken geprägtes Menschenbild passen.
Sind es Kinder, die dick oder dünn sind, dann fallen diese Assoziationen auch noch auf die Eltern zurück. Denn die sorgen ja schließlich für die Ernährung und damit für die Körperfülle der Kinder. Ist ein Kind zu dick, machen sich alle, die glauben, etwas von Pädagogik zu verstehen, einschließlich der Eltern, mit Sicherheit Gedanken darüber, was dieses arme Kind denn nun durch übermäßiges Essen zu kompensieren hat.
Die Eltern können es auch als persönliche Kränkung erleben, daß das Kind, das sie hervorgebracht haben, nicht den Schönheitsidealen unserer Gesellschaft entspricht, genauso wie Eltern auf ein hübsches Kind unbändig stolz sein können. Dabei liegt das eine wie das andere nicht in ihrer Macht.
Ist das Kind sehr dünn, kann das genauso bedrohlich erlebt werden. Die Mutter – sie wird es in der Regel sein – sieht ihre Bemühungen zurückgewiesen, das Kind ißt nicht genug von dem,

was sie ihm anbietet. Die Aura des Dahinschwindens weckt Ängste um die Widerstandsfähigkeit des Kindes. Allerdings, diese Sorge dürften heutzutage eher die Großmütter haben. Die jungen Leute sind so vom Schlankheitsideal der Gesellschaft durchdrungen, daß ihnen ein zu geringes Körpergewicht weniger suspekt ist als einer Generation, die mit der Vorstellung aufgewachsen ist, ein Mensch müsse auch «etwas zuzusetzen» haben.
Aber was soll man denn tun? Sich gar nicht darum kümmern, wie dick oder dünn die Kinder sind? Das wäre sicherlich zu einfach. Denn die Schwierigkeiten, mit denen solche Kinder zu kämpfen haben, sind ja durchaus real, selbst wenn sie nicht im medizinischen Sinne gefährlich sind.

Das Spätzchen

Wenn Sie meinen, daß Ihr Kind zuwenig ißt, stellen Sie sich folgende Fragen:
Ißt es mengenmäßig wenig? Oder ißt es von zu wenigen unterschiedlichen Nahrungsmitteln?
Ist die Auswahl Ihrer Meinung nach zu schmalspurig, versuchen Sie herauszufinden, ob Ihr Kind von allen notwendigen Nährstoffen wenigstens etwas zu sich nimmt (vgl. Ernährungsregeln der DGE, S. 203). Vielleicht sollten Sie das Angebot etwas anders gestalten. Das Problem der einseitigen Ernährung kann übrigens durchaus auch bestehen, wenn Ihr Kind Übergewicht hat! Dann vielleicht sogar noch eher!
Wenn es bestimmte Dinge, die Sie für notwendig halten, immer wieder verweigert, sollten Sie wieder genau hinschauen.
Frage eins: Mögen Sie sie eigentlich selber? Man hat herausgefunden, daß Kinder die Abneigungen ihrer Eltern gegenüber bestimmten Speisen viel eher imitieren als ihre Vorlieben – sicher ist sicher.
Frage zwei: Ißt das Kind nie von dieser Speise? Dann mag es sie wahrscheinlich wirklich nicht, und Sie sollten sich eine Alternative überlegen.

Frage drei: Ißt das Kind diese Speise manchmal und manchmal nicht? Dann kann es sein, daß es ein Machtspielchen mit Ihnen spielt.
Sehen Sie das Problem in den winzigen Mengen, die Ihr Kind vom Teller pflückt, dann sollten Sie zunächst versuchen, möglichst genau zu registrieren, was es im Laufe des Tages tatsächlich ißt. Vielleicht hat es vor den Mahlzeiten schon eine Kleinigkeit gegessen? Meiner Erfahrung nach wirkt sich so etwas fatal auf den Appetit beim Essen aus. Trotzdem kann ich es nicht immer ganz vermeiden, weil in einer großen Familie einfach nicht immer alle gleichzeitig Hunger haben. Vor allem für die Kleinen, bei denen das Problem mit den Spatzenportionen häufig auftaucht, sind die Wartezeiten bis zu den Mahlzeiten oft wirklich zu lang. Dann essen sie ein Knäckebrot vorweg, und schon ist der Essensimpuls dahin, wenn sie dann endlich am Mittagstisch sitzen. Daß das Knäckebrot nicht vorhalten wird, daß sie spätestens in einer Stunde wieder Hunger haben, das weiß ich, aber sie nicht. Und sie sollen schließlich essen, aber aus purer Vernunft ißt kein Kind.
Also erster Rat, von dem ich weiß. wie schwer er zu befolgen ist: Nichts, außer wenig Obst, vor den Mahlzeiten. Eine Banane kann Ihnen genauso das Konzept verderben wie ein Riegel Schokolade, selbst reichlich Äpfel machen ein Kind kurzfristig satt.
Sie können natürlich ganz gelassen an die Sache herangehen und dem Kind, wenn es denn vor den Mahlzeiten Hunger hat, gleich zwei Knäckebrote geben, gegen die ja in Sachen Nährwert nichts einzuwenden ist, und sie dann beim Mittagessen im Geiste auf seinen Teller legen, um sich nicht aufregen zu müssen. Das müssen Sie der Einsichtsfähigkeit Ihres Kindes und Ihrer eigenen Frustrationstoleranz anpassen, wenn Ihr mühevoll Gekochtes dann kaum angerührt wird.
Aber blicken Sie nicht nur auf den scheinbar zu mager gefüllten Teller des Kinds, schauen Sie das Kind selber an. Wenn es sich normal entwickelt, dann liegt die Schwierigkeit eher in Ihrer Vorstellung, wieviel ein Kind zu essen hat, als in dem ungedeckten Bedarf des Kindes.

Ich entsinne mich, daß ich immer in Sorge war über die winzigen Mengen, die unser Sohn als Baby zu sich genommen hat. Bis ich beim Treffen einer Stillgruppe von verschiedenen Müttern hörte, daß ihre Kinder genauso wenig aßen. Also ließ ich die Sorgen sein und wunderte mich höchstens noch ein bißchen, von wie wenig Essen der kleine Kerl auch noch wachsen konnte.

Ist das Kind wirklich auffällig dünn oder klein, lassen Sie von einem Arzt untersuchen, ob die Appetitlosigkeit körperliche Ursachen hat. Liegt z. B. eine Zöliakie vor, eine erblich bedingte Unverträglichkeit von Getreidebestandteilen, leiden die Kinder unter erheblichen Verdauungs- und Gedeihstörungen. Solche Beeinträchtigungen werden aber meist schon bei den Vorsorgeuntersuchungen im Säuglingsalter erkannt.

Später sind es die im Kindesalter ziemlich häufig auftretenden Infektionskrankheiten, die dem Kind immer wieder den Appetit nehmen, aber der kehrt nach Abklingen der Krankheit zurück.

Sind Sie sicher, daß das Kind organisch gesund ist, schauen Sie, wie es sich verhält. Leidet Ihr Kind unter großer Reizbarkeit, dann kann es sein, daß ihm das Essen einfach zu anstrengend ist. Dann versuchen Sie, die Rahmenbedingungen ruhiger zu gestalten und möglichst Essen anzubieten, das das Kind kennt und mag.

Das Allerwichtigste: dem Kind die Verantwortung für sein Essen letztendlich zu überlassen. Ein Kind ißt, weil es leben will, nicht weil die Eltern es inständig darum bitten. Wird diese Bitte zu übermächtig, fühlt sich das Kind mißbraucht, seine einzige Möglichkeit, Autonomie zu bewahren, besteht dann darin, noch mehr Theater beim Essen zu machen.

Sicher kann ein Kind noch keine Verantwortung dafür übernehmen, was auf den Familientisch gebracht wird. Das ist Sache der Eltern. Aber ob es dieses Angebot wahrnimmt, das entscheidet das Kind selbst, so klein wie es ist. Und das kann es auch entscheiden.

In den zwanziger Jahren hat man drei Babys sich ein Jahr lang selbstverantwortlich ernähren lassen, indem man ihnen täglich eine breite Palette von Nahrungsmitteln anbot, aus denen sie auswählen konnten. Es war erstaunlich, wie ausgewogen sie ihre Nahrung zusammenstellten und wie gesund sie sich dabei entwickelten. (Pudel / Westenhöfer 1991, S. 26) Einen ähnlichen Versuch machte Volker Pudel mit Kindergartenkindern, die sich eine gewisse Zeit von einem reichhaltigen Büfett auswählen durften. Auch hier staunte man über die «Vernunft» der Kinder bei dem, was sie aßen.

Es scheint tatsächlich so etwas zu geben wie eine angeborene Kompetenz, sich selbst zu ernähren. Das sollte man als Eltern nicht aus dem Auge verlieren. Allerdings, ich gebe es zu, ärgern mich solche Experimente immer etwas, vor allem, wenn sie mit erhobenem Zeigefinger in der Presse verbreitet werden. Denn sie ersetzen den Druck, den sie nehmen, sogleich durch einen neuen, nämlich das Ansinnen an die Eltern, ständig ein breites Angebot für die Kinder bereitzustellen. Wer hat denn die Reste vom Büfett des Kindergartens aufgegessen?

Wir kommen nicht umhin, das Angebot ziemlich eng zu halten. Die Erfahrung sagt uns ja auch recht bald, was gegessen wird und was nicht. Aber auch unter eingeengten Bedingungen wird kein Kind freiwillig verhungern. Zu diesen eingeengten Bedingungen gehört dann eben auch, daß Sie als Eltern nicht ständig Lust haben, mal dies und mal das hervorzuholen, daß Sie keine Lust haben, Lebensmittel wegzuwerfen, sie folglich also gegessen werden müssen, auch von den Kindern, daß zu bestimmten Zeiten gegessen wird, weil die Arbeit irgendwie in den Tag hineingeordnet werden muß. Natürlich können und sollen Sie sich auch nach den Vorlieben des Kindes richten – wie oben gesagt können diese sehr wohl ein Indiz dafür sein, was das Kind in dem Augenblick tatsächlich braucht. Aber um ein Spätzchen einen Tanz zu veranstalten, das wird in ihm nicht mehr Appetit, sondern höchstens unangemessene Machtgelüste wecken.

Der Vielfraß

Die größeren Sorgenkinder sind allerdings die Vielfraße.
Jedenfalls dann, wenn sie dazu auch noch dick sind. Es kann ja auch sein, daß Sie einfach nur das Gefühl haben, Ihr Kind ißt zuviel, ohne daß es wirklich übergewichtig wäre.
Dann stört Sie wahrscheinlich das Eßtempo und die Art, wie gegessen wird: gierig, unmäßig oder rücksichtslos. Solche Verhaltensweisen sind Ausdruck dessen, wie sich das Kind fühlt, aus harmlosen oder weniger harmlosen Gründen heraus. Vielleicht ist es einfach nur ein grenzenloser Genießer mit Lust am Geschmack und an der Gemütlichkeit bei Tisch, so daß es leicht über den Hunger ißt. Vielleicht fühlt es sich aber ständig zu kurz gekommen und versucht, sich wenigstens beim Essen schadlos zu halten.
Solche Probleme werden Sie bei Tisch nicht grundsätzlich lösen, aber die für alle unangenehmen Begleiterscheinungen können Sie etwas kanalisieren.

- Gieriges Verhalten können Sie zumindest am Anfang der Mahlzeit durch die Regel bremsen, daß man gemeinsam beginnt.
- Rücksichtslosen Raffzähnen können Sie durch Vorportionierung begehrter Speisen den Wind aus den Segeln nehmen.
- Gemeinsames Beenden der Mahlzeit kann schnellen Essern die Aussicht vermiesen, möglichst rasch wieder vom Tisch verschwinden zu können, so daß das Schlingen keinen Vorteil bringt.
- Kommt Ihr Kind Ihnen immer noch gierig vor, nehmen Sie doch einmal Ihre Maßstäbe unter die Lupe.

Als Kind war ich mit zwei Mädchen befreundet, die beide keine Geschwister hatten, ich dagegen habe drei jüngere Brüder. Natürlich kam es vor, daß ich auch bei den Freundinnen aß – oh, wie ich mich fühlte! Es war so still, die Brotscheiben so klein (natürlich waren sie nicht von einem Vierpfünder, sondern von einem Zweipfünder abgeschnitten!), die Butter durfte nur von einer Seite angeschnitten werden, und das auch nur mit einem Buttermesser. Ich kam mir vor wie ein Bauerntrampel am Tisch feiner Leute, und dabei ging es bei uns zu Hause wirklich auch nicht gerade ungesittet zu.

Wenn Sie selbst aus Familien stammen, in denen sehr viel Wert auf Tischsitten gelegt wurde, kann es durchaus sein, daß Ihnen ganz normales fröhliches Kinderessen auf die Nerven geht. Vielleicht ist auch das Kind in Ihnen neidisch, daß es sich früher nicht so benehmen durfte. Oder Sie selber haben Gewichtsprobleme, wollen vielleicht gerne abnehmen, und da sitzen Kinder oder gar Jugendliche, die ungehemmt reinhauen – das kann bitter sein.

Aber es ist Ihr Problem, nicht das der Kinder.

Ist das Kind wirklich zu dick, wird es schon komplizierter. Selbst wenn das Kind nicht krank ist – was Sie in diesem Fall wie auch bei einem untergewichtigen Kind abklären sollten –, so wird es unter seiner Figur mehr leiden als ein Kind, das zu dünn ist.

Und auch seine Eltern leiden, vielleicht sogar noch mehr als das Kind. Denn sie sehen die Gesundheitsrisiken im Erwachsenenalter voraus, und sie fühlen sich vielleicht persönlich gekränkt, daß ihr Kind nicht den ästhetischen Idealen unserer Gesellschaft entspricht. Sie haben Angst, daß ihm Anerkennung versagt bleibt und fühlen sich obendrein noch schuldig. Denn dick ist doch nur der, der Probleme hat, und wer macht Kindern Probleme? Natürlich die Eltern.

Die Prognose, ein dickes Kind würde ein dicker Erwachsener, finden wir überall. In Schriften über Säuglingsernährung wird immer wieder darauf hingewiesen, daß in jüngsten Jahren angelegte Fettzellen noch dem Erwachsenen zu schaffen machen.

Ich habe keine Reihenuntersuchungen gemacht, aber die Augen offengehalten; so kann das nicht stimmen. Mein eigener Bruder, schlank, um nicht zu sagen dürr, hatte als Baby den Spitznamen «Erhard» – Sie erinnern sich an den wohlbeleibten Erfinder des Wirtschaftswunders? Eine Freundin, auf Babybildern kugelrund und feist, war spargeldünn, seit ich sie kenne, und auch ihre sieben Kinder haben sie nicht aus der Kontur gebracht.

Hier hab ich meine Schulsachen drin und hinten meine Brote.

Es ist wohl eher so, daß Babys aus verschiedenen Gründen dick werden, manche sogar von Muttermilch, mit der man angeblich kein Kind überfüttern kann. Diese Kinder sind wahrscheinlich auch wirklich nicht überfüttert, sondern ihr Wachstum ist einfach so programmiert, daß sie in dieser Zeit viele Reserven anlegen. Im Verlauf der Kindheit strecken sie sich und bringen keineswegs überschüssige Fettzellen als Erbe der frühen Kindheit in ihr Erwachsenenalter mit.

Werden die Babys allerdings dick, weil sie in Familien aufwachsen, in denen alle immer zuviel essen, dann bleiben die Polster natürlich, und diese werden auch durch Kindheit und Jugendalter mitgeschleppt.

Ein Dickerchen stellt also Fragen:

Ist es noch sehr klein und stammen die Rundungen noch aus der Milchernährung? Dann können Sie damit rechnen, daß es sie mit dem Laufenlernen durch fleißiges Herumrennen abstrampelt. Es wird sie sicherlich auch nicht durch die Ernährungsumstellung, die dann folgt, wieder aufbauen.

Ist es schon größer, schauen Sie zunächst, ob es mit seiner Körperfülle allein in der Familie dasteht oder ob die anderen auch dazu neigen. Sind Sie alle etwas rundlich, dann ist es sicher verkehrt, nur bei dem Kind anzusetzen. Entweder Sie sind einfach alle so und sind damit zufrieden, dann wird auch das Kind so bleiben. Wenn es die Zufriedenheit dazu erbt, warum nicht.

Wahrscheinlicher ist aber, daß Sie nicht damit zufrieden sind. Wieder eine Unterscheidungsfrage: Sind Sie nicht zufrieden, weil Sie irgendwelche Idealgewichte anstreben, oder weil Sie mit Ihrem Gewicht tatsächliche medizinische Risiken tragen? Das Streben nach Idealfiguren, so verständlich es ist, kann durch zwanghaftes Verhalten verhindern, daß Kinder ein natürliches Verhältnis zur Nahrungsaufnahme entwickeln.

Versuchen Sie, ein möglichst entspanntes Verhältnis zu Ihrer eigenen Figur zu entwickeln. Dann entfallen Bemerkungen wie «Das sollte ich jetzt lieber nicht essen!» oder «Lieber sollte ich jetzt aufhören!» Für Kinder signalisiert das: «Essen ist etwas Gefährliches!» und «Mein Körper ist durch Essen bedroht!» – anstatt beschützt!

Sagen Sie lieber «Jetzt bin ich satt!» und hören auf zu essen. Daran lernen Kinder, daß man auf Körpersignale hören kann, ohne die positive Verbindung zwischen Essen und Körper zu zerreißen.

Wenn Sie mit Ihrer Figur und Ihrem Eßverhalten zufrieden sind, der Rest der Familie ebenfalls, und Sie finden Ihr Kind immer noch zu dick, dann sollten Sie über das Kind nachdenken, ohne dabei allerdings in Panik zu verfallen.

Es gibt Kinder, die zu bestimmten Zeiten ihres Lebens einfach ein Polster brauchen, um die Stöße des Lebens abzupuffern. Wachsen sie aus dieser Phase heraus, verschwindet auch das Polster. Wenn Ihr Kind nicht übermäßig viel Süßigkeiten und zuckerhaltige Getränke zu sich nimmt und sich ansonsten halbwegs vernünftig ernährt, ist sein Gewicht wahrscheinlich ein sogenannter «Set-Point», ein individuelles Sollgewicht, das der Körper in dem Augenblick anstrebt und auch mit relativ geringer Nährstoffzufuhr erreichen und halten kann.

Darauf können Sie natürlich nicht in jedem Fall hoffen. Es ist schon wichtig, das Angebot so zu gestalten, daß reichlich Nahrungsmittel darin vorkommen, die satt, aber nicht dick machen. Denn darauf hoffen, daß ein Kind freiwillig hungert, das können Sie nicht. Frühestens ab der Pubertät machen Jugendliche von Einsicht getragene Schlankheitskuren. Kleinere Kinder haben viel zuwenig Distanz zu ihrem eigenen Körper, als daß sie ihn als etwas betrachten könnten, was ihrer eigenen Gestaltungsmacht unterworfen ist. Denn das ist doch das Hungern: ein Formen des Körpers nach Vorstellungen, die außerhalb seiner eigenen Steuerungsmechanismen liegen.

Damit stehen Abmagerungskuren bei Kindern unter ganz anderen Bedingungen, als wenn es sich um Jugendliche oder Erwachsene handelt. Natürlich werden auch dicke Kinder über Einsicht an anderes Eßverhalten herangeführt, vor allem wenn schon eine regelrechte Fettsucht vorliegt und ein Abspecken schon in diesem Alter medizinisch angesagt ist. Aber ein nur leicht übergewichtiges Kind zum Hungern zu bringen, ist eine letztlich hoffnungslose Quälerei. Es bleibt also nichts, als bei der Auswahl der Nahrungsmittel darauf zu achten, daß sie nicht allzu kalorienträchtig sind und das Kind trotzdem satt wird. Begrenzungen der Nahrungsmenge müssen Sie als Eltern durchsetzen und dürfen nicht auf die Einsicht des Kindes hoffen. Und wenn Sie den Eindruck haben, daß das Übergewicht Ihres Kindes weniger auf die Mahlzeiten als auf die Zwischenmahlzeiten zurückzuführen ist, dann müssen Sie hier das Angebot ändern.

Über die psychologischen Hintergründe, die vielleicht gerade bei Ihrem Kind zum Tragen kommen, müssen Sie natürlich für sich nachdenken. Sicher kommt es häufig vor, daß in einer Familie Beziehungsgeflechte entstehen, deren Stränge für das Kind so «einschneidend» sind, daß es sich ein wenig dagegen abpolstern muß. Oder es hat Angst vor neuen Entwicklungen und bleibt in seiner Kleinkindgestalt stecken; solche Kinder wirken als Zehnjährige pummelig, wenn sie noch ihren Vorschulbauch herumtragen. Wenn Sie glauben, daß solche Probleme sehr schwerwiegend sind für Ihr Kind, Sie selber und für die ganze Familie, dann scheuen Sie sich nicht, z. B. eine Erziehungsberatungsstelle aufzusuchen. Hier gelingt es häufig, Familienstrukturen sichtbar zu machen, die sehr belastend wirken, und manchmal genügt schon das einfache Wissen um diese Strukturen, um ihnen die knechtende Macht über die Familie zu nehmen.

Kapitel 8 Essen in besonderen Situationen

Vertraut, gewohnt, geregelt – nach allem, was wir bisher bedacht haben, sind das die besten Voraussetzungen für einen friedlichen Familientisch. Aber so ist es nicht immer.

Es sitzen auch mal unvertraute Personen am Tisch, es gibt mal ungewohntes Essen in ungewohnter Umgebung, man muß sich hin und wieder fremden Regeln anpassen.

Man hat Gäste, man ist selber Gast, man ißt an der Imbißbude oder im Restaurant. Was für Erwachsene meist eine willkommene Abwechslung ist, kann für Kinder ganz schön schwierig werden.

Kleine Gäste

Am einfachsten ist es noch, wenn die eigenen Spielkameraden mit am Tisch sitzen.

> Wie oft passiert es: Es klingelt, das muß Clara sein, die aus der Schule kommt. Ich öffne die Haustür, und wer grinst mich an? Wiebke. Hinter ihr, mit demselben Grinsen auf dem Gesicht, taucht Clara auf. Schwupp, sind sie drin, schon im Kinderzimmer verschwunden. Am Mittagstisch sitzt schließlich ein Kind mehr. Die Mutter wird per Telefon informiert, sie kennt das schon. Bei ihr eins weniger, bei uns eins mehr, bei unseren wohlbesetzten Mittagstischen kommt es nicht so drauf an. Das kommt wöchentlich mindestens einmal vor.

Solche Gäste kann man eigentlich schon kaum noch als Gäste bezeichnen, eher als Familienmitglieder auf Zeit. Dementsprechend gelten für Wiebke auch alle Regeln, die unsere Kinder beachten müssen. Das sind zwar nicht viele, die einschneidendste ist wohl, daß sie auch (wenig) von dem essen muß, was sie nicht besonders mag.

Es gibt auch Kindergäste, von denen wir das nicht verlangen. Wenn die Größeren nach der Schule Freunde mitbringen, was viel seltener vorkommt, dann ist oft zu spüren, wie sie sich erst einmal über die Lebhaftigkeit bei uns am Tisch wundern. Sie sitzen ziemlich stumm da, essen bestimmt keinen Salat und nehmen Nachschlag erst, wenn wir es ihnen angeboten haben.
Ich bin mir oft nicht sicher, ob es ihnen eigentlich schmeckt und was sie wohl zu Hause von unserem Familientisch erzählen. Dann spreche ich das auch an und frage, ob sie denn zu Hause Salat essen müßten und ob es auch manchmal laut wäre.
Das ist es nämlich: Gäste am Tisch bedeuten immer die Gefahr von Peinlichkeit, auch wenn es Kinder sind. Die wundern sich vielleicht nur, aber wenn sie dann etwas zu Hause erzählen!

Vor Jahren wurde mir zugetragen, man erzähle sich, bei uns würden die Kinder mit Haferflocken werfen. Erst war ich völlig verdattert, dann dachte ich nach. Es war tatsächlich einmal ein Kind zugegen gewesen, als einem unserer Kleinen die Haferflockenschüssel umgefallen war. Vielleicht hatte es auch noch in den Berg hineingefaßt und die Flocken durch die Finger rinnen lassen, wie das kleine Kinder eben tun, wenn sich ein unerwartetes Sinnenerlebnis bietet. Daraus wurde dann eine ganze Haferflockenschlacht...

Das ist lange her. Heute gehen die Kinder so mit Essen um, daß solche Mißverständnisse nicht mehr entstehen können.
Aber jetzt bedeuten Gäste für unsere Kinder immer wieder die Chance, an den Regeln zu rütteln, die ihnen selber nicht genehm sind. Unhöflich und rücksichtslos sind die Gäste ja meist nicht, sie können also schlecht sagen «Die durfte aber auch quer über den Tisch langen und die Butter schnappen!». Aber darum zu kämpfen, selber auch von dem Gemüse verschont zu bleiben, das das Gastkind nicht essen muß, das lohnt. Am besten lassen Sie sich auf solche Kämpfe nicht ein. «Du gehörst zu uns, bei uns ist das so!» Sonst heißt es bald: «Gestern brauchte ich doch auch nichts vom Rosenkohl zu essen!»

Wüßtest du eigentlich, daß man Geflügel mit der Hand essen darf ?

Ich denke, wenn man bei Tisch offen anspricht, ob sich ein Gastkind vielleicht unbehaglich fühlt oder sich über Ungewohntes wundert, dann beugt man am ehesten irgendwelchen Gerüchten vor, die sich durch unverdaute Eindrücke in Gang setzen können. Wirkt ein Einzelkind erschreckt über den Geräuschpegel in einer größeren Familie, sollten Sie ihm ruhig erklären, daß es einfach etwas lauter wird, wenn sich mehrere Leute etwas zu erzählen haben. Diesen im Grunde analytischen Gedankengang wird ein Kind nicht für sich vollziehen, es erlebt nur den Schrecken einer ungewohnt unübersichtlichen Situation. Zu Hause erzählt es dann vielleicht: «Da war es so laut!» oder «Da bin ich nicht an die Butter gekommen!», und bei den Eltern entsteht das Bild geräuschvoller Rücksichtslosigkeit.
Sie haben nur ein Kind und es geht recht ruhig bei Ihnen zu? Dann kann es sinnvoll sein, einen kleinen Gast aus einer großen Familie zu fragen: «Ist es bei Euch zu Hause lauter? Oder seid Ihr immer alle still und brav?» Wahrscheinlich wird das Kind anfangen zu grinsen und zu berichten, daß es bei ihm zu Hause nicht ganz so gesittet zugeht. Aber Sie können sicher sein, es wird sich bei Ihnen freier fühlen, auch wenn es nicht die heimischen Eßsitten bei Ihnen importiert. Mich hätte es damals sehr entlastet, wenn ich bei den wohlerzogenen Freundinnen über mein komisches Gefühl hätte sprechen können!

Große Gäste

Kommen Erwachsene zu Besuch, entfällt die Furcht vor dem Gerücht, das aus undifferenzierten Kindergefühlen erwachsen kann. Aber, natürlich abhängig vom Bekannheitsgrad des Gastes, der unmittelbare Druck steigt. Ist es ein guter Freund der Familie, vielleicht jüngere Verwandtschaft oder Schulfreunde der Eltern, dann geht es wahrscheinlich nur darum, daß die Mahlzeit halbwegs ruhig verläuft, weil die Familie die Gegenwart des Gastes genießen will.

Sind bei uns meine Brüder samt angeheirateten oder nicht angeheirateten Frauen zu Gast, ist das Hauptproblem, wer bei Tisch neben ihnen sitzen oder besser noch: auf ihnen herumsteigen darf. Gestört fühlen sich hauptsächlich wir, die Eltern, weil der Geräuschpegel noch einmal steigt, angeheizt durch die Lust der Onkel, mit ihren Nichten und Neffen Scherze zu treiben. Wenn Nora dann freudestrahlend auf den Schultern meines kleinen Bruders steht, der die 1,90 m fast erreicht hat, dann weise ich alle Verantwortung von mir: «Wenn's dich stört, mußt du es sagen!» Es stört ihn nicht.

Aber nicht alle Gäste sind so geduldig. Ehrlich gesagt, von ungeduldigen erwachsenen Gästen kann ich Ihnen kaum etwas erzählen, sie kommen nämlich nicht. Nicht, daß sie sich indigniert von uns abgewandt hätten, unsere Bekanntschaft hat sich einfach von selber so strukturiert, daß es darin fast nur noch Leute mit Kindern gibt oder solche, die gerne welche hätten.

Nur an eine Situation erinnere ich mich, Jan war ein Baby. Wir hatten Besuch von einer guten Freundin aus den Jahren zuvor, ohne Kind. Nach einer Stunde am Kaffeetisch und einer Stunde vergeblicher Versuche, dem Kind ein zusammenhängendes Gespräch abzutrotzen, stellte sie fest: «Das hielte ich nicht aus!» Was hatte er gemacht? Nichts Besonderes, mal einen Löffel fallen gelassen, mal seinen Vater an den Haaren gezogen, mal ein bißchen gesabbert, mal die Windel vollgedrückt.

Das Gelingen einer gemeinsamen Mahlzeit mit erwachsenen Gästen hängt davon ab, ob diese Gäste es nicht als Kränkung auffassen, wenn das Thema bei Tisch von den Kleinen bestimmt wird. Selbst wenn die Kinder sich mustergültig benehmen, werden sie immer einen Teil der Aufmerksamkeit auf sich ziehen. Haben sie etwas auf dem Teller? Essen sie es? Reicht ihre Geschicklichkeit hin, es ohne Unglücksfälle zum Mund zu führen? Oder sollte man doch lieber Bröckchen schneiden? Und während man darüber nachdenkt, hat man schon wieder den Faden des Gesprächs verloren, der Gast fühlt sich in die zweite Reihe versetzt.

Solche Situationen lassen sich vermeiden, wenn man Einladungen erwachsener, kinderloser Gäste in die Abendstunden verlegt. Gehen die Kinder normalerweise früh zu Bett, ist das eine gute Lösung. Aber nicht alle Kinder schlafen schon um acht, vor allem dann nicht, wenn sie sollen. Dann müssen Sie mit dem Auftauchen kleiner Nachtgespenster rechnen, die schrecklichen Durst haben oder eine Spinne am Bett oder die so schwitzen oder bei denen etwas in der Wand so knackt...

Bei den seltenen Gelegenheiten, zu denen wir abendlichen Besuch haben, schicke ich die Gäste meist zu den Kindern ans Bett zum Gutenachtsagen. Mancher läßt sich sogar zu einer kurzen Gutenachtgeschichte herbei, um so besser. Dann hatten die Kinder auch etwas von dem Besuch und respektieren eher, daß die Erwachsenen auch einmal ungestört sein wollen.

Haben Sie allerdings richtigen Geschäftsbesuch mit Schlips und Kragen, dann engagieren Sie lieber ein Kindermädchen, am besten schon am Nachmittag, wenn Sie das Essen vorbereiten. Kaufen Sie lieber die Zutaten eine Nummer bescheidener ein und leisten Sie sich die Möglichkeit, sie in aller Ruhe zu servieren, als daß Sie das Filetstück anbrennen lassen, weil Ihr Jüngster im letzten Moment das Scheuerpulver, mit dem Sie noch das Bad putzen wollten, auf der Treppe verteilt.

Im Grunde ist es einfach: Stehen die erwachsenen Gäste den Kindern nahe, genügt es, durch Auswahl der Speisen auch den Kindern das Vergnügen am Essen zu garantieren. Den Rest, das Benehmen der Kinder den Gästen gegenüber, das können sie unter sich aushandeln. Der Gast erwartet ja nicht von den Eltern, daß sie ihm die Kinder vom Leibe halten – wie schon gesagt, sie stehen ihm nahe, auch er genießt den Kontakt mit ihnen.

Haben die Gäste mit den Kindern nichts im Sinn, sollte Ihre Strategie darauf hinauslaufen, die Berührungspunkte so weit wie möglich zu reduzieren. Man kann den Kindern einen Extratisch decken mit Leckereien, die sie ohne Mühe selber essen können. Geht das nicht, kann man sie vorab verköstigen und ihnen dann erlauben zu spielen. Man kann die Einladung, wie schon gesagt, auf den Abend verlegen. Geht das nicht, bringt man die Kinder am besten auch am Nachmittag bei Freunden unter. Dann kann man sich den Gästen widmen, so wie sie es gewöhnt sind, seien sie nun kinderlos oder nur anderer Meinung über den Umgang mit Kindern.

Bei Tisch mit Großmama und Großpapa

Ein Sonderfall sind Großeltern oder ältere Verwandte. Die wollen ja mit den Kindern essen, aber sie sind durchaus öfters anderer Meinung, wie man mit ihnen umzugehen habe. Dann sitzt man da als Mutter oder Vater und fühlt sich wie auf auf dem Prüfstand vor den gestrengen Augen der Verwandtschaft.

Es sei denn, Sie haben ein ausgereiftes, gutes, erwachsenes Verhältnis zu den Eltern und deren Generation; das gibt es immerhin, und es ist sehr angenehm und bereichernd.

Aber nehmen wir einmal an, das Kind in Ihnen liegt mit den Eltern immer noch etwas über Kreuz, fürchtet sich noch, grollt noch, trotzt noch, bemüht sich noch. Und Ihre Eltern haben vielleicht noch immer nicht ganz begriffen, daß Sie nun erwachsen sind. Dann kommt es zu mißbilligenden Blicken, zu Schuldgefühlen, zu Scham und Ärger auf sich selbst und auf die Eltern, und auch auf die Kinder, weil sie sich so wenig bemühen, Mama und Papa diese Peinlichkeit zu ersparen.

Ich denke, es ist ein Irrtum zu glauben, daß solche Situationen durch besonders «gute Erziehung» zu umgehen sind.

Unsere Kinder sind zwar keine besonderen Monster, was die Tischsitten angeht, aber besonders edel erzogen sind sie nicht. Dennoch war es nie ein Problem, mit ihnen an großen Familienfeiern teilzunehmen. Sie aßen anständig (mußten allerdings nichts essen, was sie nicht mochten – aber es gibt ja bei solchen Gelegenheiten meist so üppiges Essen, daß auch ein mäkeliges Kind noch etwas findet, was ihm schmeckt!), sie flippten nicht aus, auch bei Langeweile nicht, sie beschäftigten sich mit Spielzeug, das wir mitgenommen hatten, oder auch mit Servietten und

Bierdeckeln, und irgendwann bekamen wir Eltern zu hören, was wir doch für wohlerzogene Kinder hätten.

Wohlerzogen – man denkt an Vorschriften und Ermahnungen, an strenge Blicke und lobende Worte, an Sätze wie «Das tut man nicht!» oder «Was sollen die Leute denken!» Solche Sätze fallen bei uns nicht oder zumindest sehr selten. Darum haben die Kinder keine Angst, sie könnten sich danebenbenehmen, sondern sie können sich unbefangen als Teil dieser Gruppe empfinden, die da zusammensitzt. Besonders toll finden sie das nicht immer. Es wird viel geredet von Leuten, die sie nicht kennen oder von Zeiten, die sie nicht interessieren, es wird ewig herumgesessen und ständig gegessen und getrunken, oder es werden langweilige Spaziergänge gemacht, um das viele Essen irgendwie zu verdauen. Besonders kindgerecht ist das nicht. Aber die Erwartung, daß sie sich einfügen, wirkt. Das Gegenteil ist leider genauso wirkungsvoll. Wenn man von einem Kind annimmt, daß es wahrscheinlich die Eltern blamieren wird und darum ständiger Ermahnungen bedarf, muß es von sich ja denken, daß es von sich aus nur Blödsinn machen würde. Und weil es die Eltern nicht enttäuschen will, sondern ihren Erwartungen entsprechen, macht es eben Blödsinn.
Das Kind sollte bei solchen Gelegenheiten spüren, daß die Eltern nach wie vor seine starken Eltern sind. Geraten sie angesichts von Oma, Opa und Tante Hilde ins Flattern, beginnt das Kind, an seinen Eltern zu zweifeln. Vor lauter Unsicherheit macht es lieber nicht das, was die Eltern von ihm wollen, sie scheinen ja doch nicht recht zu wissen, was man tun soll. Gerade in solchen Situationen ist es wichtig für ein Kind, zu spüren, daß Sie auf seiner Seite sind. Wenn die Kinder normalerweise zu Hause ihren Teller nicht leer essen müssen, nun aber auf einmal von ihren Eltern gedrängt werden, nichts übrigzulassen, dann entstehen Mißtrauen und Unsicherheit.
Sicher ist es noch relativ einfach, ältere Menschen, denen das Aufessen in Fleisch und Blut übergegangen ist, davon zu überzeugen, daß Kinder zu unseren Zeiten eher lernen sollten, auf ihren Hun-

ger zu hören als auf den leeren Teller zu achten. Schwieriger wird es schon, wenn es um die Kleckertoleranz geht oder wenn die Kinder bestimmte Speisen ablehnen und das bei der älteren Verwandtschaft säuerliche Mienen hervorruft. Meiner Erfahrung nach ist es dann das beste, dem Kind vielleicht einmal mehr den Mund abzuwischen, den übriggelassenen Löffel Gemüse ohne Aufhebens schnell vom Teller des Kindes zu nehmen, von anderen Dingen zu reden und ansonsten darauf zu bauen, daß sich die Tante nach dem Essen schon wieder über die Kleinen freut, wenn sie ihr freudestrahlend ihr neuestes Bilderbuch vorführen. Lassen Sie nicht das Kind in sich wieder zu stark in seine alte Rolle diesen Personen gegenüber schlüpfen. Dann werden Sie ängstlich oder aufsässig – beides Verhaltensweisen, die nicht dazu dienen, in einer angenehmen Atmosphäre drei Generationen einander nahe zu bringen.

Praxis: Wie das Gastmahl gut gelingt

Um die Gelegenheiten, die in Peinlichkeit enden könnten, auf ein Minimum zu reduzieren, können Sie ein paar Vorkehrungen treffen.

Sehen Sie zu, daß Sie Speisen anbieten, die die Kinder mögen und die sie möglichst ohne allzu viel Schmiererei essen können. Spaghetti mit Tomatensoße mögen zwar ihre Lieblingsspeise sein und Sie könnten damit Oma und Opa eine fröhlich schmausende Kinderschar präsentieren, aber wahrscheinlich hat der Opa gar nicht so viele Taschentücher dabei, wie er zücken möchte, um den Enkeln die roten Schnurrbärte abzuwischen. Laden Sie zum Kaffeetrinken ein, halten Sie für die Kinder ein paar trockene Plätzchen oder Kuchen bereit, die sie gut aus der Hand essen können, auch wenn Sie die älteren Gäste mit Sahnetorte bewirten möchten.

Beziehen Sie die Kinder beim Tischdecken mit ein. Unsere Kinder lieben es, den Tisch für Besuch mit gebastelten Kleinigkeiten oder kunstvoll gefalteten Servietten zu verzieren. Weisen Sie zu Beginn der Mahlzeit auf das Werk der Kinder hin, so wird der Stolz sie

daran hindern, den selbst verzierten Rahmen durch auffälliges Verhalten zu sprengen.
Räumen Sie das Spielzimmer auf und hinterlassen dort eine Spielidee zum Anfassen. Eine angefangene Bauklotzburg, ein paar Schienen der Eisenbahn oder ein halb gedeckter Puppentisch bringen die Kinder nachhaltiger dazu, sich selbst zu beschäftigen und die Erwachsenen am Kaffeetisch in Ruhe zu lassen als zwanzig wortreich vorgebrachte Vorschläge.
Das gilt natürlich erst recht bei Besuch mit Kindern. Wenn doppelt so viele Kinder wie üblich aus einem ungeordneten Haufen Spielsachen eine Spielidee entwickeln sollen, dann kann das doppelt so schiefgehen – oder Sie brauchen hinterher dreimal so lange, alles wieder halbwegs zu sortieren.

Die Familie ißt außer Haus

Nun hat man nicht nur Gäste, man ist selbst auch Gast. Bei Freunden, Bekannten, Verwandten oder in Gaststätten verschiedenster Art.

Vieles von dem, was oben gesagt wurde, gilt natürlich auch hier. Außer daß man sich nicht für den Rahmen, aber um so mehr für das Benehmen der Kinder verantwortlich fühlt.

Zu Gast bei Freunden und bei den Großeltern

Unproblematisch ist das bei Freunden mit den gleichen Überzeugungen, die auch Kinder haben. Die wissen, was Kindern wichtig ist und nehmen so leicht nichts krumm. So richtig entspannend kann das sein: etwas Gutes zu essen, wenn das Salz fehlt, darf man sitzen bleiben, beim Abräumen hilft man zwar, muß es aber nicht, und das Durcheinander, das die Kinder hinterlassen, braucht man auch nicht aufzuräumen.

Gastgeber mit «unantastbaren» Wohnungen besucht man am besten ohne Kinder, der Streß ist für alle Beteiligten zu groß. Läßt es sich nicht umgehen, weil diese Gastgeber beispielsweise Verwandte sind und dort Familienfeiern stattfinden, decken Sie sich am besten mit allerlei Beschäftigungsmöglichkeiten ein, und scheuen Sie sich auch nicht, entweder schon im voraus oder wenn es akut wird darum zu bitten, Brennpunkte des Interessengegensatzes zwischen Kindern und Wohnungsinhabern zu entfernen, sei es die teure Tänzerfigur von der letzten Indonesienreise, das blankgeputzte silberne Teeservice auf dem Ecktischchen oder die Hydrokulturpflanze, deren Kügelchen so schön über den Boden rollen und dann auf dem Teppich zertreten werden.

Es kann passieren, daß sich der Bewohner einer staubfreien, aufgeräumten Wohnung regelrecht an die Wand gedrückt fühlt, wenn eine Horde Kinder über ihn hereinbricht. Es liegt nicht in Ihrer Macht, das zu verhindern, es geht auf die schlichte Konfrontation völlig verschiedener Lebenswelten zurück. Die Kinder können sich noch so gesittet benehmen, die Konfrontation bleibt und irritiert. Halten Sie das im Bewußtsein, brauchen Sie sich auch nicht zu «schämen», es steht ohnehin nicht in Ihrer Macht, diesen Gegensatz aufzuheben. Das beste bleibt, sich als Botschafter einer Welt zu fühlen, in der es wohl mehr Unordnung, aber auch mehr Lebendigkeit gibt, und diese Lebendigkeit in Schutz zu nehmen und ihr auch in einem solchen Rahmen den Raum zu verschaffen, den sie braucht. Das wird bestimmt eher respektiert, als wenn Sie in Panik versuchen, die Kinder in ebensolche Statuen zu verwandeln wie den fernöstlichen Tänzer; das gelingt nicht und macht Ihre selbstgewählte Lebensform mit Kindern unglaubwürdig.

Besuch hier, Besuch da: Die Frage ist doch jedes Mal, ob das Unternehmen mit einer Blamage endet.

Blamage – was ist das eigentlich? Man ist sozusagen auf dem Prüfstand, ob man es bereits geschafft hat, bei den Kindern die richtige Peinlichkeitsschwelle zu installieren. Im Mittelalter hat sich bestimmt niemand Gedanken darüber gemacht, ob die Kinder schmatzen, rülpsen, sich die Finger am Ärmel abwischen oder mit den Fingern essen. Warum auch, die Erwachsenen taten es schließlich selber. Damals ist es peinlich gewesen, wenn sich jemand nicht an die richtige Sitzordnung gehalten hat; darum soll es blutige Kämpfe gegeben haben. Die Kinder an den richtigen Platz zu setzen, das ist aber noch einfach gegenüber der ständigen Selbstkontrolle, die ihnen mit der Verfeinerung der Tischsitten auferlegt wurde. Dementsprechend wurden die Kinder auch zunächst von der Familientafel ausgegrenzt, jedenfalls in den «besseren» Kreisen.

Heute möchte man diese Ausgrenzung wieder zurücknehmen. Wir haben uns unsere Kinder schließlich gewünscht, eingeladen, an unserem Leben teilzunehmen. Wie sollten wir sie da vom Familientisch fernhalten? So kommt es, daß unsere Kinder, kaum daß sie es

Ganz ruhig bleiben, Mutter, vielleicht wird's mal sein Beruf!

halbwegs können, mit uns am Tisch sitzen. Daß sie es nicht so schnell schaffen, sich mustergültig zu benehmen, das gestehen wir ihnen schon zu, aber unter dem Chaos, das sie verbreiten, leiden wir doch. Dieser Zwiespalt beherrscht schon die einfache Mahlzeit im Familienkreis.

Um so mehr, wenn sie öffentlich stattfindet; nimmt doch jeder mehr oder weniger unbewußt an, daß bei chaotischen Tischmanieren auch sonst einiges schiefläuft in der Familie. Und die Annahme ist nicht einmal falsch. Sosehr ich dazu neige, alles, was Eltern unter Druck setzen könnte, ganz nüchtern darauf abzuklopfen, ob die Grundannahmen überhaupt stimmen, denke ich in diesem Punkt schon, daß ein Kind, das seine Tischgenossen durch unangemessenes Verhalten in Atem hält, in irgendeinem Bereich außerhalb des Essens aus der Balance geraten ist. Ich denke allerdings nicht, daß sich dieser öffentliche Indikator per Erziehungsmaßnahme unsichtbar machen läßt und man so den guten Ruf der Eltern retten kann. Wenn das Verhältnis zwischen Eltern und Kindern stimmt, wenn sich keiner zum Diener des anderen macht, wenn keiner glaubt, per Machtbefugnis in den Verantwortungsbereich des anderen eindringen zu können, dann braucht es keine detaillierten Verhaltensanweisungen. Der Anpassungsdrang der Kinder wird schon dafür sorgen, daß sie die anderen in Ruhe essen lassen.

Die Schwierigkeit liegt aber häufig in dem Widerspruch, daß die Eltern gewohnt sind, sich wie Diener der Kinder aufzuführen, die Umgebung dagegen erwartet, daß sie per Machtanspruch die Kinder in ihre Grenzen verweisen – eines so verquer wie das andere.

Denken Sie kurz darüber nach, und warten Sie ab, wie der nächste Besuch verläuft!

Über das Essen im Restaurant

Noch ein bißchen öffentlicher, aber auch sehr viel anonymer geht es zu, wenn wir uns mit unseren Kindern in ein Restaurant begeben. Oder sagen wir, in eine Gaststätte oder eine Kneipe oder ein Café oder ein Hotel oder ein Bistro oder eine Pizzeria oder eine Cafeteria – Sie merken schon, der Möglichkeiten sind viele. Und es kommt sehr darauf an, für welche dieser Möglichkeiten wir uns entscheiden, wenn es ein erfreulicher Ausflug für die Familie werden soll.

Wir finden es ganz selbstverständlich, daß wir diese Möglichkeit haben, uns ab und zu der Mühe der Essenszubereitung zu entledigen, auch das Drumherum wie Tischdecken und Abwaschen zu delegieren und uns gegen Bezahlung bedienen zu lassen. Dabei ist die Idee des Gasthauses noch gar nicht so alt. Ursprünglich war es Übernachtungsstation entlang von Reisewegen, wo den Gästen natürlich auch Mahlzeiten angeboten wurden. Wenn Sie ältere Literatur aufmerksam lesen und es ist die Rede von Reisen, werden Sie aber feststellen, daß dort keineswegs ausgefeilte Speisekarten bereitgehalten wurden, sondern die Wirtin kam und servierte, was es eben gerade gab. Erst gegen Ende des 18. Jahrhunderts entstanden die ersten Restaurants (vgl. Arens-Azevedo und Michael Hamm 1992).

Die Industrialisierung führte dazu, daß immer mehr Menschen nicht mehr dort arbeiteten, wo sie auch wohnten, also tagsüber nicht mehr von zu Hause aus mit Essen versorgt werden konnten. Zwar war es noch lange üblich, daß mittags die Frauen mit den sogenannten «Henkelmännern» vor den Fabriktoren standen und den Männern das Essen brachten, aber bei zunehmenden Entfernungen vom Wohnort und zunehmender Berufstätigkeit auch der Frauen wurde der Henkelmann von der Imbißbude, dem Schnellrestaurant und dann auch der Kantine abgelöst.

Das Essen außer Haus hatte also von Anfang an seine Wurzeln in zwei verschiedenen Bereichen: Entweder der Privatbereich war zeitweise durch Gäste erweitert und brauchte «zugekaufte» Ver-

sorgungskapazität, oder aber das tägliche Essen mußte zwangsweise außer Haus stattfinden, zu ähnlichen Preisen und unter vergleichbarem Zeitaufwand.
Heutzutage gehört das Essengehen ähnlich wie ein Konzertbesuch auch zu den kulturellen Vergnügungen. Dabei werden an die Kinder ähnliche Anforderungen gestellt: Sie sollen leise sein und stillsitzen. Und beides tun sie nun mal nicht gerne. Allerdings: Im Konzert muß es sein, im Restaurant nicht unbedingt, darum ist es schließlich doch leichter, mit Kindern essen zu gehen.

Wir tun das, selten, aber gern. Das kann so aussehen:
Wir saßen mit Clara (9) und Nora (6) bei einem Italiener, einem ganz besonderen Lokal, bei dem man geradewegs in das offene Feuer des Pizzaofens schauen kann. Wir bestellten Pizza, die Kinder wünschten Spaghetti ohne Soße. Gut. Dazu bestellten wir einen Salat zu Beginn und kündigten Nora an, in dem Salat sei Thunfisch. Sie war begeistert. Der Salat kam, aber ohne Thunfisch, statt dessen enthielt er gekochten Schinken. Nora war enttäuscht. So kam ich auf die Idee, ihr zu den Spaghetti ein kleines Schälchen Thunfisch zu bestellen. Der Kellner war sehr freundlich, ja, das könne sie haben. Während wir auf den Thunfisch warteten, aßen wir vom Salat. Dabei entdeckte Clara, daß ihr die Gurken gut schmeckten. Ein Schüsselchen Gurkensalat zu den Spaghetti, das durfte sie haben. Der Kellner nahm auch diesen Extrawunsch freundlich auf.
Und dann kam er, mit einem Teller, auf dem ungefähr zwei Dosen Thunfisch aufgehäuft waren, und einem zweiten Teller mit einem ungeheuren Berg dicker Gurkenscheiben. Nora strahlte, so viel Thunfisch nur für sie! Clara beäugte schon skeptischer ihren Gurkenberg, immerhin wollte sie auch noch Spaghetti essen. Das wollte Nora nicht mehr unbedingt, wo sie doch so viel Thunfisch hatte. Nach etwa einer Viertelstunde wälzte sie sich mit Bauchweh auf der Bank. Gnadenlos scheuchte ich sie auf den Hof, damit sie sich ein bißchen bewegte, während ich noch mit dem Gurkensalat von Claras Teller kämpfte und mein Mann mit Noras Spaghetti …

Beim Bestellen war es den Kindern zunächst darauf angekommen, keine unliebsamen Überraschungen zu erleben. Spaghetti pur, damit kann nichts schiefgehen. Die Lüste kamen mit dem Sehen, nicht in der Vorstellung. Als Clara unseren Salat sah, als sie von ihm probiert hatte, da konnte sie sagen, daß sie gerne Gurkensalat wollte. Noras Lust galt einem einzigen Bestandteil eines Gerichts, dem Thunfisch. Auf die Idee, so etwas gesondert zu bestellen, kam ich erst, nachdem dieser Bestandteil in dem Salat fehlte – und dann bekam sie ihn in einer Menge, daß es für den kleinen Kindermagen schon mehr als ein ganzes Gericht war.
Kinder suchen beim Auswärtsessen nicht das Geschmacksabenteuer. Mal was ganz anderes, das ist nicht ihr Bestreben. Endlich mal das, was sie sowieso am liebsten essen, das könnte man eher als ihr Motto bezeichnen.

Ich erzählte Eva N. von einem Gespräch mit dem Koch eines besseren Lokals. Worüber beklagte er sich? Darüber, daß die Kinder immer bloß Pommes und Ketchup bestellen würden. «Das ist doch völlig klar!» meinte sie. «Zu Hause bekommen sie das nicht, und wenn man dann mal essen geht, dann gesteht man eben auch den Kindern mal etwas zu, was man ernährungsmäßig nicht so toll findet, aber was sie halt gern essen!»

Wir halten es nicht anders. Mit allen essen zu gehen, ist für uns ohnehin gerade noch finanzierbar, und warum sollen wir, wenn es um ein Vergnügen für alle gehen soll, einem Kind etwas aufschwätzen, was das Dreifache der Pommes kostet und was es am Ende doch nicht ißt?

Unser Ältester ging als Kind gern mit uns essen. Warum? Das erfuhren wir kürzlich anläßlich eines Besuchs in einem Restaurant, wo es uns allen nicht schmeckte. Immerhin führte dieses Erlebnis dazu, daß wir uns übers Essengehen im allgemeinen unterhielten. Heute tut er das nicht mehr besonders gern. Warum? «Da sitzt man herum und muß warten, das ist doch langweilig!» meinte er. «Früher bin ich gern essen gegangen, weil ich dann mal so richtig Fleisch essen konnte! Inzwischen kocht ihr ja öfter mit Fleisch, was soll ich da woanders essen!»

Immerhin ein Kompliment für die häusliche Küche. Aber auch wieder ein Beispiel dafür, daß Kinder nicht das Exotische reizt, sondern das, was sie gern essen. In dem Augenblick, in dem dieses Bedürfnis anders befriedigt wurde, verlor das Restaurant für Jan seine Anziehungskraft.

Essen gehen bedeutet für Erwachsene, daß über den Nahrungsbedarf hinaus noch andere Bedürfnisse befriedigt werden. Sie brauchen das Essen nicht vorzubereiten, sie dürfen eine ganze Weile still sitzen und können sich unterhalten, das Essen besteht meist aus mehr Bestandteilen als das selbst gekochte, es bietet ungewohnte Geschmacksreize, man kann auch nach dem Essen noch sitzen bleiben.

In dieser Atmosphäre kann es sogar passieren, daß Gespräche ganz andere Wendungen nehmen als zu Hause, daß konstruktiver miteinander gesprochen werden kann, daß man sich besser zuhört. Es entfallen ein paar Möglichkeiten, auszuweichen oder den Fortgang eines Gesprächs zu blockieren. Man kann sich nicht anblaffen oder gar in offenen Streit ausbrechen, man kann auch nicht plötzlich aufstehen und etwas ganz Dringendes erledigen. Natürlich ist das nicht in jedem Fall wichtig, aber die Veränderung der Kommunikationssituation gehört mit zu den Besonderheiten, die das Ausgehen für Erwachsene interessant machen.

Und Kinder? Der ideale Gasthausbesuch für sie sähe wohl so aus: Die Familie kommt an, findet einen schönen Platz, von wo aus man eine Menge sehen kann. Dann gibt es ein großes Büfett, auf dem man alles sieht, was es zu essen gibt. Man zeigt darauf und kann es gleich zum Sitzplatz mitnehmen. Das Essen schmeckt lecker und ist vorzugsweise mit den Händen zu essen. Wenn man fertig ist, kann man sofort aufstehen und entweder gleich weggehen oder irgendwo herumtoben, wo das Toben Spaß macht.

Wo befinden wir uns? Sagen wir: in einer Autobahnraststätte mit Kinderspielplatz. In einem Ausflugslokal mit Selbstbedienung. Bei

McDonald's. Bewegungsfreiheit, Berechenbarkeit und keine «leeren» Zeiten, das ist das Zauberwort für Kinder.
Auch für Jugendliche. Auch bei ihnen ist noch «action» gefragt, es darf nicht zu lange dauern, man muß sich von den Verhaltensregeln der Erwachsenen absetzen können, das Essen muß unkompliziert und billig sein.
Die Fast-food-Ketten haben gute Karten. Sogar bei Eltern!

> Jutta S.: «Das angenehmste ‹Restaurant› ist z. Z. McDonald's für uns. Die Kinder werden voll mit eingeplant. Sie können sich frei (daneben) benehmen (!). Keiner stört sich an den Eß-Eskapaden der Kids oder wenn mal was danebengeht. Es muß nicht stillgesessen und gewartet werden. Es gibt dort genügend Babyhochstühle. Man kann streßfrei essen, auch wenn das Angebot sehr begrenzt ist, so gibt's doch auch Salate und Milchprodukte. Wir waren sogar auf meinen Wunsch hin an Muttertag bei MacDonalds, und es war sehr erholsam für mich.»

Denken Sie jetzt nicht, ich wollte mit diesem Zitat eine Lanze für McDonald's brechen. Wie alles industriell Durchorganisierte hat diese Berechenbarkeit ihren Preis, den ganz andere zahlen als die Kunden, die sich ungehemmt durch Etikette ihren Hamburger einverleiben. Davon mehr im nächsten Kapitel. Aber wie alles industriell zum Geldmachen Genutzte greift auch McDonald's menschliche Bedürfnisse auf, die einfach vorhanden sind und die sich nicht wegdiskutieren lassen.

Praxis: So macht es Spaß im Restaurant

Wenn Sie diese Bedürfnisse von Anfang an mitbedenken, wenn Sie mit Ihren Kindern essen gehen, dann muß es wirklich nicht McDonald's sein, um ein Vergnügen für alle zu garantieren. Meine Umfrage bei anderen Familien hat eine Menge brauchbare Tips ergeben, die Sie vielleicht zum Teil schon selber herausgefunden haben, vielleicht finden Sie aber doch noch die eine oder andere neue Idee:

Das ist nämlich thailändisch und muß so sein!

1. Nicht in Restaurants gehen, die ungewohnte oder stark gewürzte Speisen anbieten.
2. Zu Zeiten gehen, zu denen es nicht zu voll ist.
3. Nicht essen gehen, wenn die Kinder voraussichtlich müde werden.
4. Spielzeug oder Comics mitnehmen, um Wartezeiten zu überbrücken.
5. In der Wartezeit mit den Kindern das Lokal besichtigen, z. B. fragen, ob man einen Blick in die Küche werfen darf.
6. Hausschuhe oder dicke Socken mitnehmen, um den Streß zu reduzieren, wenn die Kinder auf den Stühlen herumsteigen.
7. Für sehr kleine Kinder Lätzchen nicht vergessen.

Und noch ein paar Tips, um die Kosten etwas zu drosseln:

8. Die Kinder vorher reichlich trinken lassen. Getränke sind unverhältnismäßig teuer, und wenn aus lauter Langeweile das zuerst servierte Getränk schnell weggetrunken ist, dann entsteht bei dem oft salzigen Essen danach der Wunsch nach einem zweiten Getränk, das dann meist zur Hälfte stehenbleibt.
9. Sind die Kinder klein und essen wenig, scheuen Sie sich nicht, um einen kleinen Teller und ein kleines Besteck zu bitten, und geben dem Kind einfach von Ihrem Essen etwas ab. Die Portionen sind in der Regel so groß, daß Sie trotzdem noch satt werden. Wir haben das schon oft gemacht.
10. Wollen die Kinder schon ein richtiges Essen, schaffen aber die Portion voraussichtlich nicht, fragen Sie ruhig danach, ob es auch andere Gerichte als die ausgewiesenen Kinderteller in kleineren Portionen gibt. Eine Preishalbierung können Sie dann zwar nicht unbedingt erwarten, der Aufwand ist schließlich nicht wesentlich geringer als bei einer vollen Portion, aber etwas billiger wird es schon.
11. Bestellen Sie als Getränk eine 0,7-l-Flasche Mineralwasser mit entsprechend vielen Gläsern. Auch die bekommen Sie nicht zum Supermarktpreis, aber fünf Einzelflaschen sind mit Sicherheit teurer.

12. Wenn es denn unbedingt Cola oder Fanta sein muß (auch das sind die Ausnahmen beim Essen gehen!), bestellen Sie ein Getränk und ein zweites Glas dazu, um es auf die Kinder aufzuteilen. Auch das haben wir schon öfter praktiziert und es nie abgelehnt bekommen.

Die Auswahl der Lokale hängt natürlich ganz davon ab, was es bei Ihnen vor Ort gibt. Eine Mutter schrieb, sie gingen nur noch beim Chinesen essen, der sei am kinderfreundlichsten. Ich habe eine schreckliche Erinnerung an ein Essen bei «unserem» Chinesen. Eine andere schrieb, der Nobel-Italiener sei, nun, da sie Kinder habe, völlig out – wo gehen wir am liebsten hin? Zum Italiener. Wieder eine schreibt, exotisches Essen gäbe es nun nicht mehr mit Kindern, eine andere dagegen, sie gingen nur noch zum Türken oder Jugoslawen, weil die kinderfreundlicher seien. Es gibt beste Restaurants mit Kinderspielecke, Ausmalbögen und Buntstiftkiste, mit sofort herbeigebrachten Hochstühlchen und Extraüberraschungen für Kinder, und es gibt normale Pizzerias, in denen man nicht bedient wird, wenn man mit mehr als einem Kind anrückt, wie es uns vor einiger Zeit geschah.

Sie müssen sich klar darüber sein, was Sie wollen, und dann auf die Suche gehen. Wollen Sie einfach nur etwas essen und sind zufällig nicht zu Hause, z. B. auf Reisen oder beim Einkaufen, dann spricht nichts dagegen, sich nach einer schnellen Essensquelle umzusehen. Sich dabei wertlosen «Fraß» einzuverleiben, muß meist nicht sein, es gibt durchaus auch Salate oder Quarkspeisen in solchen Schnellrestaurants. Gerade für Kinder, die nach einer langen Autofahrt oder beim anstrengenden Einkaufen wirklich mit ihren Nerven am Ende sein können, ist es dann wichtig, an einem Ort zu essen, wo sie sich ungehindert herumräkeln dürfen und wo sie etwas zu essen bekommen, das ihnen hilft, sich per Mund wieder zu «zentrieren» – siehe das Kapitel über die Tröstercher! Lange Autofahrten oder Streifzüge durch langweilige Geschäfte können Kinder wirklich so aus dem Lot bringen, daß ein Essen unter strengen Bedingungen für sie vollends unerträglich würde.

Dann gibt es das Einkehren nach einem Sonntagsausflug der

Familie, während einer Fahrradtour oder einer Wanderung. Davon sind die Kinder körperlich zwar angestrengt, aber seelisch nicht so verquer, so daß sie schon ein bißchen besser stillsitzen können. Da solche Ausflüge bei gutem Wetter stattfinden und darum oft auch in einem Gartenlokal enden, umgeben von Gästen, die ebenfalls mit Rucksack und Wanderstock oder in vollem Biking-Outfit dort angekommen sind, ist das Benehmen der Kinder gar kein Thema. Allenfalls sind Sie damit beschäftigt, die Kleinen davon abzuhalten, Zigarettenkippen aufzusammeln.

Wollen Sie gemeinsam mit den Kindern Eßkultur genießen, dann sollten die Kinder für diese Unternehmung genauso ausgeruht sein wie für einen Besuch im Museum oder Konzert. Wenn Sie den Kindern zeigen, wie sehr Sie die Feinheiten dieses Vergnügens genießen, wenn Sie ihnen vermitteln, daß das auch eine Art Spiel ist, das man nicht täglich spielt, daß es seine Regeln hat wie jedes andere Spiel, und daß sie es gern mitspielen lassen wollen, dann werden auch die Kinder bemüht sein, sich «richtig» zu verhalten.

Unsere Kinder haben dieses Spielerische am Essengehen schon häufig wirklich in Spiel umgesetzt. Plötzlich stehen dann alle verfügbaren Kisten und Bänkchen, die sich auch nur annähernd als Tischchen benutzen lassen, schön verteilt im Kinderzimmer, daran sitzen Puppen und Kuscheltiere, voll der Erwartung, was das Lokal zu bieten hat, und eifrige Kellnerinnen huschen umher und teilen sorgfältig selbst geschriebene Speisekarten aus. Auf Tellerchen häufen sich gehackter Löwenzahn und eingeweichte Gänseblümchen, der Genuß der Gäste und der Eifer der Bedienung sind nicht zu übersehen.

Das ist also angekommen bei den Kindern: Gaststätte macht Spaß!

Kapitel 9 Essen und Umwelt

Menschen sind Teil der Natur. Das weiß jeder
Und wo wird das so deutlich wie beim Essen? Da nimmt man ein Stück Natur, steckt es sich in den Mund, zerkleinert es, löst es auf, formt es um, setzt es um in Wachstum und Bewegung, und dann gibt man es wieder von sich, wäßrig, fest, als Wärme und Energie. Aber daß wir in vielen Bereichen mit der Natur in Konflikt geraten sind, das wissen wir alle. So auch bei der Ernährung. Im Bemühen, der Natur Versorgungssicherheit abzutrotzen, haben die Menschen Entwicklungen in Gang gesetzt, die langfristig die Versorgung wieder gefährden: Spritzmittel, Kunstdünger, Monokulturen. Ergebnis ist eine schleichende Vergiftung von Böden und Wasser und eine Verödung der Landschaft.
Über diesen Zusammenhang von Essen und Umwelt wird schon lange nachgedacht. Beweggrund und Blickwinkel können dabei sehr verschieden sein, aber sie treffen sich doch meist in ähnlichen Forderungen.
Entweder man geht von der Körperlichkeit des Menschen aus, fragt, wie zuträglich so erzeugte Lebensmittel sind. Welche der verwendeten Mittel verbleiben in Spuren im menschlichen Körper, und was für Wirkungen haben sie dort? Welchen Nährwert hat künstlich aufgeblähtes Gemüse und Obst? Wie wirken Konservierungsmittel und andere Zusätze zu Lebensmitteln, die ohne diese Stoffe nicht so lange gelagert, so weit transportiert werden könnten? Gerade auf solche Stoffe reagieren immer mehr Menschen allergisch; die Natur der menschliche Körper ist offenbar nicht mehr in der Lage, diese Vielfalt an Lebensmittelbestandteilen noch zu verarbeiten.
Es geht ja noch weiter. Der Anbau von Lebensmitteln unter dem Einsatz von Chemie und Großtechnologie greift in viel größere natürliche Kreisläufe ein. Dadurch werden Lebensräume für Tiere und Pflanzen zerstört, die ihrerseits wieder eine Rolle im ökologi-

schen Gleichgewicht einer Landschaft spielen. Bodenerosion, veränderte Klimaverhältnisse, Veränderungen des Grundwasserspiegels und Grundwasserbelastung durch Giftstoffe und Nitrate sind die Folge und gefährden eine weitere Nutzung der natürlichen Ressourcen.

Diese Art der Lebensmittelerzeugung hat dann auch noch soziale Folgen, sowohl im Kleinen als auch global gesehen. Durch den Einsatz von Großtechnologie in der Landwirtschaft sind kleine Bauernhöfe unrentabel geworden, die Tendenz geht zu immer weniger und immer größeren landwirtschaftlichen Betrieben. Das hat zur Folge, daß immer weniger Menschen auf dem Land ihr Auskommen finden, sie brauchen Arbeit in der Industrie, und das wiederum erhöht das Verkehrsaufkommen und die dadurch verursachte Umweltbelastung.

Weltwirtschaftlich betrachtet findet etwas Ähnliches statt: Ganze Länder werden mehr oder weniger gezwungen, ihre landwirtschaftliche Fläche für wenige Produkte zur Verfügung zu stellen, die von den reichen Industrienationen verbraucht werden. Die Folge sind hoher Energieaufwand für den Transport und mangelhafte Lebensmittelversorgung der Einheimischen. Kaffee, Tee, Kakao, Bananen, Baumwolle, ausgedehnte Rinderzucht in Südamerika, all diese Produkte werden in riesigen Monokulturen angebaut und betrieben, unter Einsatz von reichlich Chemie und billigen Arbeitskräften, denen obendrein das Land zur eigenen Lebensmittelerzeugung blockiert ist.

Ein Kapitel für sich ist das Fleisch. Ähnlich wie bei pflanzlichen Produkten geht es hier zum einen um Zusatzstoffe, die bei der Erzeugung zur Ertragssteigerung eingesetzt werden. Verboten sind sie zwar, verwendet werden sie aber doch, Medikamente wie Hormone und Antibiotika. Spuren davon finden sich im Fleisch und reichern sich im menschlichen Körper an, und daß auch das langfristig nicht ohne Folgen bleiben kann, liegt auf der Hand.

Das ist aber nicht der einzige und nicht einmal der gravierendste Einwand gegen einen hohen Fleischkonsum. Die Massentierhaltung bringt große Mengen von Gülle hervor, die irgendwie entsorgt werden müssen. In angemessenen Mengen ist Gülle und Mist ein vorzüglicher natürlicher Dünger. Im Übermaß ausgebracht überfrachtet er aber die Böden mit Nitraten, die langsam ins Grundwasser gelangen und die Trinkwasservorräte belasten. Nitrat an sich ist noch nicht besonders giftig, es wird aber im Verdauungstrakt der Menschen zu Nitrit umgewandelt, das die Aufnahme von Sauerstoff im Blut behindert. Das ist vor allem für Säuglinge gefährlich. Diese Nebenwirkung der hohen Fleischproduktion hat bereits Ausmaße angenommen, die nicht mehr ohne weiteres in den Griff zu bekommen sind.

Dazu kommt, daß für den Futtermittelanbau weltweit riesige landwirtschaftlich nutzbare Flächen in Anspruch genommen werden, die für die Erzeugung von Grundnahrungsmitteln für die Menschen ausfallen. Vergleicht man den Energieaufwand, der für eine Kalorie Brot aufgebracht werden muß, mit einer Kalorie tierischer Nahrung (Fleisch, Milch, Eier), dann kann man schon nachdenklich werden: Für eine Kalorie tierischer Nahrung müssen sieben Kalorien pflanzlicher eingesetzt werden. (Arens-Azevedo/Hamm 1992, S. 73)

Natürlich gilt das nicht für jeden Schluck Milch, den Sie trinken und jedes Ei, das Sie essen, es ist ein Durchschnittswert. Näher aufgeschlüsselt ergibt sich ein besonders ungünstiges Verhältnis für Geflügel (1:12) und Rindfleisch (1:10), günstiger sieht es aus bei Milch (1:5), Eiern (1:4) und Schweinefleisch (1:3) (ebd.).

Nun darf man auch das nicht undifferenziert sehen. Kühe, die auf anders nicht nutzbaren Weiden stehen, weil diese z. B. zu steil sind, um mit Maschinen bearbeitet werden zu können, oder Schweine, die mit Essensresten gefüttert werden, sind natürlich keine Rohstoffverschwender. Problematisch ist vor allem die Einfuhr von Soja und Tapioka als Kraftfutter, das in den Ländern, in denen es angebaut wird, dringend als primäres Lebensmittel für die Bevölkerung gebraucht würde, oder die verbrauchten Flächen könnten für andere Nahrungsmittel genutzt werden. Ganz zu schweigen davon, daß für den Futtermittelanbau quadratkilometerweise Regenwald abgeholzt wurde (Arens-Azevedo/Hamm 1992, S. 70).

Aber auch wir haben unseren Anteil an ökologischen Kosten zu tragen. Die Tiere aus der Massentierhaltung werden oft Hunderte von Kilometern weit zu riesigen Schlachthöfen transportiert, die dort hergestellten Produkte dann wieder auf die Straßen geschickt. Lärm und Luftverpestung sind die Abfallprodukte.
Und die Tiere zahlen noch einmal kräftig drauf. Eingepfercht in zu enge Käfige ohne angemessene Bewegungsfreiheit, fristen sie ein armseliges Leben, das sie häufig mit Verhaltensstörungen und Krankheiten beantworten, die ihrerseits mit Medikamenten bekämpft werden. Sicher hat es auch früher schon Tierquälerei gegeben, Schweine in finsteren Kellerlöchern und geschundene Gäule, aber das Ausmaß hat sich, wie alles in unserer Gesellschaft, zu einer Massenerscheinung entwickelt.
Dies alles mehr zu Ihrer Erinnerung. In so wenigen Worten kann natürlich ganz unmöglich die gesamte ökologische Problematik des Nahrungsmittelanbaus dargestellt werden. Ausführliche Literaturhinweise wird Ihnen jede gute Buchhandlung und Bücherei geben können.

Wie Menschen Achtung vor der Natur ausdrücken

Es ist nicht den kritischen Köpfen unserer Zeit vorbehalten, sich Gedanken darüber zu machen, wie sehr das Verhältnis des Menschen zur Natur von Respekt getragen sein muß, um auf die Dauer tragfähig zu bleiben. Jedes Tischgebet, jeder Erntedankgottesdienst sind Zeichen dafür, daß sich Menschen schon immer darüber im klaren waren, wie sehr sie mit einer Umwelt verflochten sind, der sie nicht ohne weiteres selbst erdachte Gesetze aufzwingen können. Wie alt dieses Wissen ist, zeigt die Tatsache, daß die biologisch-dynamische Landwirtschaft sich den Namen der griechischen Fruchtbarkeitsgöttin Demeter gegeben hat.

Die meisten dieser Rituale sind verblaßt. Tischgebete werden kaum noch gesprochen, und wer geht noch zum Erntedankgottesdienst? Dennoch sind diese Momente zumindest Überbleibsel einer Zeit, in der die Menschen die Natur noch nicht so weit bezwungen hatten, daß sie glauben konnten, sie gehorche ihrem Willen. Das tut sie auch heute nicht. Sie rächt sich nur etwas langsamer, so daß der fortschrittsgläubige Agrartechnologe es nicht gleich bemerkt, aber die immensen Probleme der Grundwasserverseuchung und der Spritzmittelresistenz vieler Schädlinge sprechen ihre eigene Sprache.

In Zeiten, in denen dieses Bewußtsein der Abhängigkeit von der Natur noch gegenwärtiger war, wurde auch mit Nahrungsmitteln noch anders umgegangen. Viele von uns haben das noch erlebt und geben es heute als Regel weiter: daß Reste gegessen werden müssen, daß der Teller leer gemacht wird, daß man kein Essen wegwirft, daß gegessen wird, was vorhanden ist, daß man nicht mit dem Essen spielt. In Mangelsituationen macht das Sinn, aber nicht nur dann. Betrachtet man Nahrung als ein Geschenk, geht man auch entsprechend damit um, zumindest dann, wenn man zu Geschenken noch ein Verhältnis hat, das nicht von Überfluß und Überdruß geprägt ist.

Respekt gebührt aber auch der menschlichen Arbeit, die in der Nahrung steckt. Noch vor hundert Jahren waren viel mehr Menschen direkt mit der Erzeugung von Lebensmitteln befaßt, und es mußten auch die, die ganz andere Dinge produzierten, einen viel höheren Anteil ihres Arbeitslohnes für Nahrungsmittel aufbringen als heute bei uns. Es ist ein Unterschied, ob man ein Viertel oder mehr als die Hälfte des Gesamteinkommens allein für Essen ausgibt, die Kostbarkeit steigt mit der notwendigen Mühe.
Sitzen wir am Familientisch, ist dieses Wissen durchaus noch in unserem Unterbewußtsein vorhanden. Wir wissen von den ökologischen Bedingungen, denen unser Essen entstammt, und die meisten von uns kennen noch die alten Verhaltensweisen gegenüber Lebensmitteln aus ihrer Kindheit, auch wenn sie durch den Wandel der Bedingungen immer etwas uneinsichtig blieben. Aber es ist mühsam, die Ökologie zu berücksichtigen und den Kindern gegenüber Maßstäbe aufrechtzuerhalten, die wir selber schon nur unter Schwierigkeiten nachvollziehen können.
Dennoch, versuchen wir es zunächst gedanklich, dann folgt vielleicht das eine oder andere in der Praxis nach.

Ökologie beim Einkauf

Einkauf ist die «Abstimmung mit dem Geldbeutel», und so gesehen haben wir einen nicht zu unterschätzenden Einfluß darauf, was auf welche Weise produziert wird.
Kaufen wir das makellose Obst und Gemüse, das der industrialisierten Landwirtschaft entstammt, oder unterstützen wir durch unseren Einkauf biologisch wirtschaftende Bauern aus unserer näheren Umgebung? Sicher ist es oft verlockend, das billigere Angebot der großen Händler wahrzunehmen, zumal wenn der Geldbeutel schmal ist und die Kinder bei fleckigen Äpfeln Theater machen. Aber mir selber geht es schon so, daß ich als erstes nach dem Herkunftsland eines Produktes schaue. Kommt es von weit her, sehe ich das Flugzeug vor mir, das tonnenweise Kerosin in die Luft ge-

pustet hat, und jeder Appetit auf die Trauben aus Südafrika oder die Äpfel aus Brasilien ist mir vergangen. Auch die Kinder sind für solche Argumente erstaunlicherweise gut zugänglich, sobald sie eine halbwegs realistische Vorstellung von den Ausmaßen unseres Erdballs haben. Ebenso leuchtet ihnen ein, daß man möglichst nur Obst und Gemüse aus biologischem Anbau kauft, auch wenn es ein bißchen kleiner und nicht so wohlgeformt ist wie das Gemüse vom Supermarkt oder dem Händler neben dem «Bio-Stand». Das Argument, daß es gar nicht schadet, wenn man ein Schneckchen oder Würmchen darin findet, verstehen unsere Kinder jedenfalls sehr gut. Immerhin ist das ein Zeichen, daß es gut schmeckt und gesund ist.

Fast noch entscheidender, zumindest unumstrittener, ist der Einfluß, den der biologische Anbau auf die Landschaftspflege hat. Sogar die Deutsche Gesellschaft für Ernährung, die behauptet, keinen Einfluß der Anbaumethoden auf den Nährstoffgehalt der Nahrungsmittel feststellen zu können, schreibt: «Unbestritten ist der positive Einfluß kontrolliert-biologischer (kontrolliert-ökologischer) Landbaumethoden auf die Umwelt, sprich Boden und Gewässer, sowie die Erhaltung kleinbäuerlicher Strukturen und Vertriebswege.» (Deutsche Gesellschaft für Ernährung 1993, S. 35)

Von unserem Speisezettel nicht wegzudenken sind Genußmittel verschiedenster Art, die wir zum größten Teil aus Ländern der Dritten Welt importieren: Kaffee, Tee, Kakao, Nüsse, Bananen und anderes exotisches Obst.

Hier gibt es Gründe genug, beim Lebensmitteleinkauf ein wenig zu überlegen, wohin man sich wendet. Sicher wird es nicht jeder Geldbeutel zulassen, nur noch im Bio-Laden, beim ökologisch wirtschaftenden Bauern und in den «Welt-Läden» einzukaufen, wo man sich mit verantwortungsbewußt produzierten und gerecht gehandelten Produkten eindecken kann. Vor allem bei Milchprodukten wie Butter und Käse sind die Preisunterschiede zum Supermarkt beträchtlich. Dennoch: Tun Sie es, wo immer Sie können! Jede Kartoffel, die Sie einem ökologisch wirtschaftenden Landwirt abkaufen, unterstützt eine Entwicklung, die die Zerstörung unse-

Nimm nichts Süßes von Fremden!
Nein, nur von euch!

res Lebensraumes aufhalten kann; jedes Pfund Kaffee, für das Sie zwar den doppelten, aber angemessenen Preis zahlen, rückt das Verhältnis von reichen und armen Ländern ein winziges Stückchen zurecht; jedes Schnitzel aus Massentierhaltung, auf das Sie verzichten, gräbt einer lebensfeindlichen Fleischproduktion wieder einen Millimeter Wasser ab; wollen Sie doch Fleisch essen und kaufen es aus artgerechter Haltung, haben Sie einen Bauern unterstützt, der seinen Tieren wenigstens zu Lebzeiten Lebensfreude zugesteht und das Schlachten mit so wenig Streß wie möglich verbindet.
Solche Maßstäbe konsequent durchzuhalten, ist schwer. Auch ich schaffe das nicht. Dann kaufe ich eben doch den Tee im Supermarkt, weil die Teedose leer und der Bio-Laden weit ist, und wenn die Kinder um eine Ananas aus Australien betteln, dann sage ich auch nicht immer nein. Aber immer mehr in diese Richtung zu denken, immer wieder den «Abstimmungsgroschen» an die zu zahlen, die ihre Produkte in Verantwortung für Land und Leben erzeugen, das kann und muß sein, und es wirkt.

Wie leben wir die Achtung vor der Nahrung?

Fast noch schwerer, aber genauso wichtig ist es, am Familientisch den Respekt vor der Nahrung nicht verkommen zu lassen.
Aber wie soll man das anfangen ohne säuerliche Strenge?
Da gibt es den Spruch «Denk doch an die Kinder in Afrika, die haben gar nichts zu essen!». Über den hat sich mancher von uns Großen schon geärgert, als er ihm vor vielen Jahren vorgehalten wurde angesichts gräßlicher Graupensuppe und verabscheutem Spinat. Das schafft ein Kind nicht, den unmittelbar empfundenen Widerwillen per Einsicht außer Kraft zu setzen. Schon gar nicht sieht es ein, warum es etwas essen soll, was ihm nicht schmeckt und auf das es gar keinen Hunger hat, wenn Tausende von Kilometern entfernt andere Kinder sich die Finger danach lecken würden. Es ist schon mehr als ein Kind auf die Idee gekommen, den Spinat

doch einzupacken und dorthin zu schicken; das wäre schließlich die logisch richtige Lösung dieses Problems.
Aber das wollen die Eltern ja gar nicht, sie wollen, wenn's hochkommt, Respekt und Dankbarkeit wecken. Meist wollen sie nur, daß das Kind endlich ißt und mit der Maulerei aufhört.»
Wenn Ihnen solche Argumente auf der Zunge liegen, überlegen Sie doch kurz, was Sie eigentlich wollen. Wollen Sie Verständnis wecken für Menschen anderer Kulturen und deren Probleme? Dann ist es sicherlich sinnvoller, nicht gerade einen Moment auszuwählen, in dem das Kind sich ärgert, es ihm nicht schmeckt, es nicht essen mag oder es ansonsten bei Tisch irgendwelche Launen austrägt. Die Erziehung zum verantwortungsbewußten Weltbürger findet viel eher statt, wenn das Kind nicht so mit sich selbst beschäftigt ist und Neugier für ein informatives Bilderbuch aufbringen kann oder auch für einen von Ihnen erklärten Zeitungsartikel. Wollen Sie dagegen, daß das Kind ein Gefühl dafür entwickelt, daß das, was da auf seinem Teller liegt, nicht von selbst dorthin geflogen ist, sondern Mühe gekostet hat, auch wenn es ihm vielleicht nicht so gut schmeckt, dann sagen Sie das und nichts anderes.
Daraus aber einen Zwang zum Aufessen zu machen, halte ich für unrealistisch und unseren Lebensbedingungen nicht angemessen. Wie oft schon habe ich Übriggebliebenes aufgegessen, aus dem Bewußtsein heraus, nichts «umkommen» zu lassen, und es hätte mir wahrhaftig besser getan, ich hätte meinen Körper in dem Moment nicht mit noch mehr Verdauungsarbeit und Kalorien belastet.
Gegen den Zwang zum Aufessen wird häufig das Argument ins Feld geführt, die Kinder würden verlernen, auf ihre eigenen Körpersignale zu hören. Ich bin mir nicht sicher, ob das wirklich so ist. Wo gravierende Eßstörungen vorliegen und tatsächlich kein Sättigungsgefühl mehr wahrgenommen wird, liegen immer auch andere Störungen im Gefühlsleben dieser Menschen vor. Ein Kind, dem im allgemeinen zugestanden wird, selbst für seine Gefühle verantwortlich zu sein und von dem lediglich erwartet wird, nicht täglich auf seinem Teller eine verschwenderische Schmodderei zu hinterlassen, wird sicherlich wissen, wann es satt ist. Haben Sie gemein-

sam mit dem Kind herausgefunden, wieviel es essen kann, und ihm auch nur so viel aufgetan bzw. dafür gesorgt, daß es sich nur so viel nimmt, dann wird es das Aufessen auch nicht als Zumutung empfinden und sich eher darum bemühen.

Die Achtung vor der Nahrung wird sicher auch nicht dadurch genährt, daß in einer Familie die Teller zwar leer sein müssen, sich im Abfalleimer aber doch immer wieder Mengen von Resten finden, die bei den Mahlzeiten übriggeblieben sind. Bieten die Eltern Reste an – und essen sie auch selber! –, anstatt sie wegzuwerfen, vermittelt das nachhaltiger die Wertschätzung des Essens, als wenn auf einem Teller eine Kartoffel liegenbleibt, die das Kind einfach nicht mehr essen konnte.

Die «säuerliche Strenge» schlägt auch dann zu, wenn es heißt: «Mit Essen spielt man nicht.» Daß es in Zeiten des Mangels jeder Mutter das Herz herumdrehte, wenn Kinder die Reste aus der Mehlschublade kratzten und damit Schneegestöber spielten, darüber braucht man kein Wort zu verlieren. Aber wenn der Blumenkohl zum Wald wird, die Kartoffeln zu Steinen und die Semmelbrösel zum Sandstrand, dann heißt das noch lange nicht, daß dem Kind die Achtung vor dem Essen verlorengegangen ist.

> Einer unserer Renner für unsere Kleinen ist Kartoffelbrei – aus der Teigspritze. Mit Kartoffelbrei konnte ich nie Begeisterung wecken, bis ich auf die Idee mit der Spritze kam. Nun entstehen ganze Bilder auf dem Teller: Eselsköpfe, Lagerfeuer, Gesichter, Bäume, Häuser. Und sie werden gegessen, bis auf den letzten Krümel. Die Kinder spritzen sich ihre Bilder selber, seit wir zwei Spritzen haben, sogar ohne Streit, und nie essen sie sich gründlicher satt, als wenn es Kartoffelbrei gibt.

Ich kann nicht einsehen, was daran schlecht sein soll. Wenn Erwachsene ihre kalten Büfetts liebevoll dekorieren oder Brezeln oder Zöpfe backen, wenn sie Muster auf Torten spritzen und Brathähnchen Manschetten um die Beine binden, tun sie auch nichts anderes, als noch weitere Sinne anzusprechen.

Wie beim Aufessen ist das eigentliche schlechte Gefühl wohl mythischer Natur. Und Mythen enthalten Wahrheiten, die sich oft anders gar nicht ausdrücken lassen. Das Spiel mit dem Essen signalisiert für einen Erwachsenen eine Haltung, die dem Spielzeug keinen Eigenwillen zubilligt. Es gibt nichts Entwürdigenderes, als mit einem Menschen wie mit einem Spielzeug umzugehen, denn das heißt, nichts, nicht einmal Reaktionen von ihm zu erwarten. Spiel mit Essen kann demnach auch so verstanden werden, als verhalte man sich der Nahrung gegenüber wie einem leblosen Ding. Und dann steckt doch eine tiefe Einsicht dahinter, wenn man die Gabe der lebendigen Natur nicht so behandelt wissen will.

Aber das Weltbild von Kindern sieht anders aus. Für Kinder gibt es diese scharfe Unterscheidung von belebter und unbelebter Welt nicht. Für ein Kind ist auch sein Spielzeug kein lebloses Ding. Selbst ein Grundschulkind kann noch in Jammergeschrei ausbrechen, wenn ein Bösewicht seinen Teddy kneift – das tut ihm doch weh! Und darum kann man auch einem Kind, das mit seinem Essen spielt, nicht unterstellen, es gehe nicht partnerschaftlich mit der Natur um.

Im Gegenteil. Man kann die Sichtweise von Kindern, ihre Umwelt als durch und durch belebt wahrzunehmen, sehr gut nutzen, gerade diese Achtung vor der Natur zu wecken, die ein sturer Moralist beim Spiel mit dem Kartoffelbrei vielleicht vermißt. Daß ein Baum, der immer wieder mit stinkigen Abgasen angepustet wird, irgenwann beleidigt ist und seine Blätter nicht mehr herausstrecken mag, das ist zwar gewiß biologischer Unsinn, aber dennoch eine Wahrheit, die ein Kind begreift.

Wenn Sie das Spiel mit dem Essen in diesen lebendigen Umgang mit der Umwelt einordnen, dann weckt es Freude am Essen – und wer sich über etwas freut, der verachtet es nun wirklich nicht.

Wenn Kinder Vegetarier werden

Es gibt Kinder, die von der Erkenntnis, ein Teil der Natur zu sein, regelrecht überwältigt werden. Manchmal von einem Tag auf den anderen, manchmal auch nach längerer «Inkubationszeit» weigern sie sich, Fleisch zu essen.

Beate Seeßlen-Hurler erzählt in ihrem Buch «Bunte Nudeln und Schokoquark» (Seeßlen-Hurler 1984, S. 15 f) die Geschichte von Donald und ihrer Tochter Sarah:

«Bis dann die Sache mit Donald geschah.

Donald war eine Ente. Sie lebte auf dem Bauernhof eines Großonkels, den unsere Kinder damals fast täglich aufsuchten, da wir ganz in der Nähe wohnten. Donald hatte vermutlich in Wirklichkeit keinen Namen. Es war Sarahs Donald. Sie hatte ihn in Anlehnung an den cholerischen Walt-Disney-Enterich so getauft.

Solche Beziehungen wie die zwischen Sarah und Donald haben wenig mit den sentimentalen oder abenteuerlichen Tierfreundschaften zu tun, die es zu Tausenden in den Kinderbüchern und im Fernsehen gibt. Ich glaube, es geht einfach darum, daß man erkennt, wie sehr ein Tier Individualität und Charakter aufweist. Man wird sich beglückt darüber klar, daß es ein solches Wesen nur einmal auf der Welt gibt. Um das zu dokumentieren, gibt man ihm einen Namen.

In meiner Jugendzeit gab es eine einfache, aber leider nicht immer durchzuhaltende Regelung auf unserem Bauernhof: Ein Tier, das einen Namen erhalten hatte, durfte nicht mehr geschlachtet werden. Natürlich konnte nicht jeder hingehen und bestimmen, daß dieses oder jenes Tier nun So-und-so hieße, um es vor dem Schlachtmesser zu retten. Vielmehr mußte sich der Namen eingebürgert haben und vor allem akzeptiert worden sein.

(...) Vielleicht hätte eine solche Übung auf dem Hof des Großonkels auch das Leben des armen Donald nicht retten können, denn eines Tages hatte er sich ein Bein gebrochen und war in den

Pardon, mein Lieber, aber ich bin Vegetarier!

Kochtopf «gewandert». Aber vielleicht wäre es Sarah erspart geblieben, an dem Sonntag, an dem sie Donald nirgends finden konnte, einen Entenbraten auf dem Mittagstisch zu sehen.
Ich weiß nicht, was für Sarah schlimmer war: die Tatsache, daß Donald, ein Wesen mit einem Namen und mit einer Individualität, aufgegessen wurde, oder die wortreichen Erklärungen von Onkeln, Tanten und anderen Verwandten, die sich zum Schmaus eingefunden hatten.
Solche Katastrophen gibt es in jedem Kinderleben. Schwieriger als das Unglück selbst ist, das Lachen von Erwachsenen darüber zu verwinden. Sarah überwand die Katastrophe. Sie akzeptierte den Verlust. Aber nicht ohne Folgen. Von diesem Tag an weigerte sie sich, auch nur ein Stückchen Fleisch zu sich zu nehmen.
Sie tat dies auf undramatische und demokratische Art. Sie zeigte weder Ekel noch Empörung gegenüber Fleisch-Essern. Ihre radikale Fleisch-Ablehnung war keine hysterische Reaktion oder eine Art Rache. Es war eine stille Praxis. Wir respektierten ihren Entschluß.»
So etwas kommt häufig vor, und es setzt die Erwachsenen jedes Mal in eine eigentümliche Verlegenheit.

Ich denke, es ist eine anthropologisch und psychologisch höchst komplexe Frage, ob der Mensch durch das Schlachten von Tieren Schuld auf sich lädt oder nicht. Im Kapitel 10 finden Sie einige Überlegungen zu diesem Thema. Daß dem Menschen seine Einbindung in natürliche Kreisläufe entgleist ist, das ist wohl kaum zu bestreiten, und vielleicht ist das Vegetariertum unserer Kinder – sofern sie sich dazu entschließen – auch ein individuell vollzogener Reinigungsritus aus dem diffusen Empfinden heraus, daß wir etwas grundsätzlich nicht richtig machen. So gesehen erklärt sich auch der eigenartige Respekt, den die meisten Erwachsenen solchen Kindern entgegenbringen, wenn sie nicht gerade von der dumpfen Sorte sind, die glauben, nur durch deftige Schnitzel am Leben bleiben zu können. Aber wer ein bißchen nachdenklicher ist, hält eine solche Entscheidung eines Kindes vielleicht für sentimental, aber nicht für grundsätzlich falsch. Es mag ihm auch noch die Aussicht lästig sein, auf dieses Kind jetzt beim Einkauf und beim Kochen Rücksicht nehmen zu müssen, und er mag deshalb versuchen, es davon abzubringen. Aber es gibt auch genug Familien, in denen die Eltern den Kindern gefolgt sind und ihre Ernährung ebenfalls umgestellt haben.

Für Kinder ist das eine emotionale Entscheidung. Sie machen sich keine Gedanken um optimale Nährstoffversorgung, um Eiweißmangel oder -überschuß. Sie haben auch keine Angst vor Krankheiten, die vielleicht durch Fleischkonsum über sie kommen könnten, und schon gar nicht fühlen sie sich krank und versuchen, diesen Zustand durch eine Ernährungsumstellung zu bessern. Sie wissen nur, daß sie auch satt werden können, wenn sie kein Fleisch essen, und da sie sich beim Fleischessen schuldig fühlen und traurig, weil ein Mitlebewesen sterben mußte, gibt es keinen Grund für sie, beim Fleischkonsum zu bleiben.

Ernährungsphysiologisch muß das kein Problem sein. Da es den meisten Kindern um das Töten von Tieren bzw. das Nicht-Töten geht, lehnen sie Milch, Milchprodukte und Eier nicht ab. Allein mit diesen Nahrungsbestandteilen läßt sich problemlos eine Kost zusammenstellen, bei der jedes Kind gesund heranwachsen kann. Sollte Ihr Kind zu denen gehören, die kein Fleisch essen, gibt es keinerlei Grund, eine Mangelernährung zu befürchten. Kinder, die aus Überzeugung Vegetarier werden, denken ja auch so viel über das Essen nach, daß es keine Schwierigkeit sein dürfte, ihnen klarzumachen, wie wichtig eine Ernährung ist, die alle notwendigen Bestandteile enthält. Durch einseitige Ernährung sind eher die gefährdet, denen es völlig egal ist, was sie sich in den Mund schieben, und die mit Vorliebe Bratwürstchen und Hamburger essen.

Doch mit einer so motivierten vegetarischen Ernährung sind die moralischen Probleme nur zum Teil gelöst. Am unmittelbaren Töten des Tieres hat man dadurch keinen Anteil. Aber wenn man sich dann den Wollpullover überzieht, die Lederschuhe zubindet und die Ledertasche über die Schulter wirft, hat man sich schon wieder tierischer Produkte bedient. Im Falle des Wollpullovers hat das

Schaf überleben dürfen, aber für die Schuhe und die Tasche mußte die Kuh buchstäblich ihre Haut lassen. Auch die Produkte, die das Tier am Leben lassen, führen letztlich zu der Frage, was man denn nun mit den Kühen macht, die keine Milch mehr geben, und mit den Hühnern, die keine Eier mehr legen. Sollen sie alle ihr Gnadenbrot bekommen? Jedes Kind würde sagen: «Ja!» Aber der Bauer, der scharf rechnen muß – und der schon immer scharf rechnen mußte –, wird den Kopf schütteln. Und was soll man denn mit den kleinen Bullen und Hähnchen machen, die geboren werden und die aus den Eiern schlüpfen?

Wer tatsächlich ganz auf das Töten von Tieren verzichten will, dem bleibt nur die vegane Kost, die gänzlich ohne tierische Produkte auskommt. Auch das geht – aber geht es hierzulande? Die pflanzlichen Nahrungsmittel, die reichlich Eiweiß enthalten, wachsen weit fort in anderen Kontinenten und müssen Tausende von Kilometern hertransportiert werden, so wie Soja, Amaranth oder Quinoa. Daß hier bei uns Fleisch auf dem Speisezettel steht, hängt eben auch mit den Möglichkeiten zusammen, die uns unser Lebensraum bietet. Daß wir im allgemeinen viel mehr Fleisch essen, als es unserer Gesundheit zuträglich ist, darüber besteht kein Zweifel, aber es steht ebensowenig außer Zweifel, daß eine rein vegane Ernährung mit den landwirtschaftlichen Produkten, die in unseren Breitengraden wachsen, zumindest großes Wissen und große Sorgfalt erfordert.

Man kann noch weiter gehen und aus moralischen Gründen – nicht nur aus Furcht vor Giftbelastung des eigenen Körpers – jedes künstlich gedüngte und gespritzte Gemüse ablehnen, denn immerhin wurden durch das Gift Lebewesen abgetötet, die sich ansonsten von dem Gemüse ernährt hätten. Und was macht der konsequente Vegetarier, wenn seine Kartoffelpflanzen vom Kartoffelkäfer befallen sind? Was macht er, wenn sie von Wühlmäusen abgefressen werden? Was macht er, wenn die Schnecken seinen Salat fressen? Absammeln und in den Wald tragen? Wo ist die Grenze des Tötens?

Sicher sollte man Kinder nicht mit solchen moralischen Fragen

konfrontieren, die letztlich kaum beantwortbar sind. Als Mensch leben heißt, sich als Mensch schuldig zu machen. Das ist vielleicht das, was in der Bibel als «Erbsünde» bezeichnet wird. Aber Kinder damit zu verunsichern, die für sich eine moralische Entscheidung getroffen haben, das halte ich für eine Überforderung. Es hieße, ihr Gefühl für ihre Mitgeschöpfe zu mißachten und zu entwerten.
So gesehen ist der Vegetarismus von Kindern auch ein Symbol für die Entwicklung eines persönlichen Verantwortungsgefühls, und es kann für ein Kind dann außerordentlich kränkend sein, wenn sich Erwachsene darüber hinwegsetzen oder darüber lustig machen.
Wie man damit umgeht, ist natürlich auch vom Alter des Kindes abhängig. Ein achtjähriges Kind, das aus Trauer um den Enterich kein Fleisch mehr essen mag, sollten wir mit komplizierten Gedankengängen verschonen. Aber wenn es mit einem Zwanzigjährigen so geht wie dieser Familie?

> Henriette P.: «Wir versuchen, den Vorlieben der Kinder entgegenzukommen, allerdings orientiert an den Richtlinien der Vollwerternährung. Allerdings gibt es Probleme mit der extrem vegetarischen Haltung unseres erwachsenen Sohnes, der auch versucht, seiner kleinen Schwester, die Fleisch und Wurst liebt, diese Vorliebe auszureden. Wir leben quasi fleischlos; es belastet uns manchmal, wenn selbst zum biologischen Weihnachtsbraten kritische und ethische Kommentare unseres Ältesten kommen ... Er ist sehr radikal (war ich auch mal) und akzeptiert unsere gewisse Großzügigkeit nicht.»

Wenn Kinder sich zum moralisierenden Richter über den Speisezettel der Familie aufschwingen und nicht wie Sarah Seeßlen «undramatisch und demokratisch» ihren Entschluß in die Tat umsetzen, hat das wahrscheinlich noch andere Gründe als nur Mitleid mit den Tieren oder generelles Unbehagen an unserem Ernährungsverhalten. Vegetarismus als Projektionsfläche noch ganz anderer Schuldgefühle – auch das kann sein und ist gewiß um vieles komplizierter. Sollten Sie einen solchen unduldsamen Vegetarier am Familientisch haben, denken Sie doch einmal darüber nach, ob sich nicht hier Probleme einen Weg bahnen, die in ganz anderen Bereichen entstanden sind.

Ich selber habe praktisch keine Erfahrung mit vegetarischen Kindern, bis auf ein vierwöchiges Intermezzo, das mehr auf die Furcht vor dem Rinderwahnsinn als auf Ablehnung des Schlachtens zurückging. Wir essen relativ wenig Fleisch, und das nur aus biologischer Viehhaltung, so daß auch manches Argument in Sachen Tierquälerei in unserem speziellen Fall entkräftet werden könnte. Unsere Kinder lehnen eher Fleisch dann ab, wenn es ihnen nicht schmeckt, zu zäh oder zu fett ist. Ich habe den Eindruck, daß die Fleischmenge, die sie zu sich nehmen, tatsächlich über ihren Bedarf gesteuert wird, weil sie es angeboten, aber nicht aufgedrängt bekommen. Und dieser Bedarf liegt weit unter dem, was im allgemeinen an Fleischmengen verzehrt wird, aber natürlich weit über dem «Nullverzehr» der Vegetarier.

Ich denke, man sollte es als Herausforderung an das eigene Ernährungsverhalten betrachten, wenn Kinder Vegetarier werden, ohne ihrem moralischen Rigorismus folgen zu müssen, den manche von ihnen an den Tag legen können. Ich würde einem Kind, dem es in seiner persönlichen Entwicklung wichtig ist, nicht am Töten von Tieren beteiligt zu sein, das ohne jede Aufregung zugestehen, diesem Symbol seines wachsenden Verantwortungsbewußtseins Raum geben.

Aber ich würde immer versuchen, je nach Alter des Kindes, das auch in einen Zusammenhang zu stellen. Der Fußgänger mit dem Wurstbrot im Gepäck und der vegetarische Autofahrer – wem wollen Sie Schuld zumessen und wem nicht?

Für Kinder ist Vegetarismus ein Versuch in moralischer Integrität; den Versuch sollen und dürfen sie machen. Wenn sie es gemeinsam mit den Eltern schaffen, diese moralische Integrität auch in anderen Bereichen zu sehen und zu verwirklichen – und auch zu sehen, daß es unmöglich ist, ohne jegliche Schuld durchs Leben zu gehen, dann können alle davon profitieren.

Kapitel 10 Warum wir wie essen – einige biologische und historische Anmerkungen

Der Hunger im Bauch

Wissen Sie, wo der Hunger herkommt? Aus dem Magen, werden Sie sagen, wenn er leer ist. Natürlich haben sich das auch schon Mediziner gefragt, und sie haben dazu verschiedene Theorien entwickelt und überprüft.

Die erste, einfachste und zunächst einleuchtendste Erklärung, auf die Sie auch schon gekommen sind: Der Magen ist leer, zieht sich darum zusammen und verursacht jenes Zwicken im Bauch, das wir als Hunger bezeichnen. Schon im Jahre 1912 hat man versucht, das zu beweisen, indem man Versuchspersonen einen Ballon schlucken ließ, der an Meßgeräte angeschlossen war, die die Druckverhältnisse im Magen anzeigten.

Aber so eindeutig ließ sich der Zusammenhang von Hunger und leerem Magen doch nicht feststellen. So empfinden z. B. Menschen, deren Magen operativ entfernt wurde, durchaus noch Hungergefühle. Außerdem weiß jeder, der einmal gefastet hat, daß nach wenigen Tagen das Hungergefühl schwindet, obwohl der Magen alles andere als gefüllt ist. Und anders herum: Hungergefühle verschwinden meist nicht unmittelbar mit dem Essen, obwohl der Magen wieder Arbeit hat, sondern erst nach einer gewissen Zeit, vermutlich dann, wenn die ersten Nährstoffe den Blutkreislauf erreicht haben.

Damit wären wir bei der nächsten Hypothese: Hunger entsteht bei bestimmten Stoffwechsellagen. Sind in den Zellen und im Blut bestimmte Stoffe nicht mehr ausreichend vorhanden, signalisiert der Körper Nachschubbedarf. Besonders deutlich ist dieser Zusammenhang bei der Höhe des Blutzuckerspiegels, aber auch die Fettspeicherung, Eiweißzusammensetzung und Körpertemperatur können dabei eine Rolle spielen (Grunert 1993, S. 11). Dabei scheint es nicht entscheidend zu sein, ob eine dieser Komponenten

ausfällt, der Regulierungsmechanismus des Hungergefühls funktioniert auch dann noch.
Wie bei vielen körperlichen Prozessen findet die Wahrnehmung des Hungers im Gehirn statt. In einem Teil des Zwischenhirns, dem Hypothalamus, werden Prozesse gesteuert, die das körperliche Gleichgewicht aufrechterhalten: Wärme, Blutdruck, Atemfrequenz, Wachen und Schlafen und eben auch Essen und Trinken. Dabei hat man an Versuchen mit Ratten festgestellt, daß es einen Bereich des Gehirns gibt, der im Grunde ständig Nahrungsaufnahme anregt und einen anderen, der aus dem Körper kommende Signale aufnimmt und bei Sättigung (voller Magen, ausreichender Blutzuckerspiegel etc.) das Eßzentrum bremst. Ratten, deren Sättigungszentrum stillgelegt wurde, fraßen unmäßig. Der Bereich, der Nahrungsaufnahme anregt, arbeitete also unabhängig von Signalen aus dem Körper.
War dagegen das Eßzentrum lahmgelegt, fraßen die Ratten nichts mehr, obwohl ihr Körper Versorgungsnot signalisierte.

Der Hunger in der Seele

Nun sind Menschen keine Ratten, aber die Sache wird dadurch nicht einfacher, sondern eher verwickelter. Denn das menschliche Gehirn ist so hochgradig vernetzt und lernfähig, daß das menschliche «Freßzentrum» auch noch von ganz anderen Impulsen erreicht wird als nur von Magenkontraktionen und Blutzuckerspiegel.
Es gibt verschiedene Modelle, die versuchen, die Einflüsse aufzuschlüsseln, die uns dazu bringen, in einer bestimmten Situation zu einer bestimmten Speise zu greifen.
Ich will diese theoretischen Konstrukte hier nicht im einzelnen aufführen. So viel ist aber allen gemeinsam: Die Entscheidung für ein bestimmtes Lebensmittel hängt nur zu einem geringen Teil von physiologischen Bedingungen ab. Einen viel breiteren Raum nehmen Einflüsse ein wie gewohnter Tagesrhythmus, Symbolcharakter

Tut mir leid, ich mußte als Kind immer Fisch essen.

der Nahrung, kulturelle Übereinkünfte, stimmungsmäßige Verfassung des einzelnen und die Funktion von Essen als Belohnung oder Trost.
Ist ein Mensch wirklich sehr hungrig, oder ist er bis oben hin vollgegessen, dann spielen diese Essensanreize keine Rolle mehr. In diesen Grenzbereichen diktiert der Körper mit seinen Bedürfnissen. Aber diese Zustände sind, zumindest hierzulande, eher die Ausnahme.
Wo nicht der Körper hungert, ist Raum, den Hunger der Seele wahrzunehmen – und die Seele erhofft sich so mancherlei vom Essen!

Geschmackslust

Sehr dicht an den physiologischen Bedürfnissen liegen noch die Sinnesreize Geschmack und Beschaffenheit eines Nahrungsmittels. Wenn uns etwas gut schmeckt oder wenn es angenehm im Mund zerschmilzt oder knackig knuspert, bereitet uns das Vergnügen, auch wenn es nicht unmittelbar etwas mit dem Nährwert einer Speise zu tun hat. Tatsächlich scheint es sogar so zu sein, daß wir ohne den Geschmacksreiz die Tätigkeit des Essens überhaupt nicht aufrechterhalten würden. Menschen, die ihren Geschmackssinn verloren haben, kostet es große Überwindung, überhaupt etwas zu essen. (Pudel/Westenhöfer 1991, S. 23)
Sie kennen das doch sicher auch: Eine Speise, die «nach nichts schmeckt», kann, je nach Grad der Geschmacklosigkeit, Ablehnung bis Ekel bei uns hervorrufen.
Daß einige dieser Geschmacksreize als angenehm, andere als unangenehm empfunden werden, ist zunächst einmal angeboren.
Alle Säuglinge mögen Süßes und lehnen Bitteres, Salziges und Saures ab. Diese Geschmacksrichtungen werden erst langsam zu akzeptieren gelernt, wobei es möglich ist, daß auch die Lust auf Salziges angeboren ist, nur erst etwas später zum Tragen kommt. (Pudel/Westenhöfer 1991, S. 28)

Entwicklungsgeschichtlich gesehen gibt das einen Sinn: Süße Früchte enthalten für den Körper rasch verfügbare Energie, während «riskante» Nahrungsmittel eher bitter und sauer schmecken. Erst in einem Alter, in dem der Nachwuchs bei den Eltern Ernährungsverhalten gelernt hat, wird diese «Notbremse» gelokkert, und auch differenzierter schmeckende Nahrungsmittel werden akzeptiert. Tatsächlich ist ja nicht alles Bittere schädlich, im Gegenteil. Manches Heilkraut schmeckt scheußlich, aber man muß eben erst gelernt haben, es vom giftigen zu unterscheiden.

Belohnung, Trost und Gesellschaft

Dieses angenehme Gefühl im Mund, dieser leckere Geschmack – ist es nicht die Belohnung unseres Körpers für die Mühe, die wir uns machen, seinen Energietank wieder aufzufüllen?
Diese Eigenschaft als Belohnung verlockt natürlich, uns (und andere) auch für andere Dinge damit zu belohnen.
Unsere Vorfahren mußten dieser Versuchung nur selten standhalten. Leckeres, womit man sich und andere belohnen konnte, stand kaum zur Verfügung.
Und nicht nur als Belohnung, auch als Trost kann gut Schmeckendes eingesetzt werden. Hat doch jeder Mensch als Baby erfahren, daß Essen, bzw. die Lust am Essen, der Geschmack, Rettung aus Not und Unbehagen war.
Wer nun alle paar Jahre einmal bei einem üppigen Begräbnismahl seine Trauer unter Braten und Süßspeisen begräbt, trägt keinen körperlichen Schaden davon. Wer aber ständig zwischen Supermarkt und Frittenbude Trauer, Wut und Angst zu verarbeiten hat, braucht schon gewaltige Selbstbeherrschung, um auf den früh erfahrenen Trost des angenehmen Gefühls im Mund zu verzichten und dadurch seinen Körper nicht zu überlasten.
Nun essen wir aber nicht nur zur Belohnung oder zum Trost öfter mal über den Hunger. Wir essen auch gern in Gesellschaft.
Vielleicht hat auch das einen entwicklungsgeschichtlichen Hinter-

grund. Der Mensch als «Hordentier» lebte schon immer in Versorgungsgemeinschaften. In Gruppen wurde die Nahrung beschafft und konsequenterweise auch in Gruppen verzehrt. Die gemeinsame Versorgung mit Nahrung war ein starkes Bindeglied zwischen allen Mitgliedern der Gruppe. Also entstand die Gleichung: Gemeinsames Essen gleich soziale Verbundenheit.

Tatsächlich gibt es keine menschliche Gruppierung, die nicht in irgendeiner Situation Gemeinsamkeit durch gemeinsames Essen und Trinken ausdrückt. Das fängt bei der Tasse Tee an, die man bei spontanen Besuchen anbietet, und endet bei dem Staatsbankett nach der Unterzeichnung wichtiger politischer Verträge.

Es gibt Saufbrüder und Kaffeeschwestern, den politischen Frühschoppen und das Arbeitsessen, und wem fiele es ein, ein Fest zu feiern, bei dem es nichts zu essen oder gar zu trinken gibt?

Nun kann auch hier wieder die Verknüpfung einsetzen: Bei Oma war es immer so gemütlich, wenn sie Streuselkuchen gebacken hatte, also mag ich mein Leben lang Streuselkuchen und fühle mich dabei gemütlich, selbst wenn ich ihn aus der Hand im Stau auf der Autobahn esse.

Oder Mutters Rouladen, die es nur am Sonntag gab, rochen und schmeckten so besonders, daß ich selber jedesmal Kirchenglocken höre, wenn ich Rouladen rieche – oder umgekehrt bekomme ich unweigerlich Lust auf Rouladen, wenn ich es irgendwo läuten höre. Das ist nicht nur gebratenes Fleisch, das sind Sonntagskleid und Kindergottesdienst, Orgelklang und Familientafel und des Großvaters Spruch «Rouladen sind verbranntes Fleisch» in einem.

Diese Möglichkeit, daß Menschen Geschmack und Situation miteinander verbinden, nutzt die Werbung in großem Umfang aus. Mit dem Geschmack werden ganze Welten verkauft, Sie kennen das. Essen kann eben auch Zugehörigkeit demonstrieren. Die Milchschnitte, die alle haben, die Chips, die zur Faschingsfeier unerläßlich sind, die Cola, die zeigt, daß man schon ziemlich groß, wenn auch noch nicht erwachsen ist – da ist Essen zum Statussymbol geworden, unabhängig von jedem physiologischen Nutzen oder Schaden, den dieser Verzehr dem Körper einbringt.

Das Essen aus Gemeinsamkeit verführt tatsächlich auf zwei Wegen leicht zum Überessen: Sitzen wir mit Freunden zusammen, essen wir vor lauter Gemütlichkeit zu viel, und wünschen wir uns Gesellschaft, dann essen wir vor lauter Einsamkeit, um wenigstens das Gefühl von Beziehung zu erleben.

Geschmack als Freiheit und Abenteuer

Es gibt noch ein weiteres Motiv für das Essen, das nichts mit physiologischen Bedürfnissen zu tun hat: die Lust an der Vielfältigkeit von Geschmacksreizen. Es soll nicht nur gut, es soll aufregend schmecken. Wenn Erwachsene ins Gourmet-Restaurant gehen, oder stundenlang, von Hochglanzkochbüchern umgeben, in der Küche hantieren, um am Ende ein Scheibchen Fleisch mit einem Löffelchen Sauce zu genießen, dazu einen Salat aus exotischen Gemüsen und ein raffiniert komponiertes Dessert, dann ist das Kulturausübung und hat mit Ernährung nicht viel zu tun.
So wie jede andere kulturelle Tätigkeit spielerischer Umgang mit Zeit ist, die nicht für lebensnotwendige Tätigkeiten aufgebracht werden muß, so gibt es auch das Spiel mit den Geschmacksreizen – was Auge und Ohr recht ist, das darf der Zunge billig sein.
Aber wie unsere Zivilisation uns mit Reizen für Auge und Ohr so überhäuft, daß wir es kaum noch verarbeiten können, werden wir auch mit einer Geschmacksvielfalt gelockt, die nichts mehr mit kulturell verfeinertem Genuß zu tun hat. So wenig, wie das Konzert im Saal mit der akustischen Dauerberieselung aus dem Radio zu tun hat, sowenig erwächst das liebevoll komponierte Mahl dem Slogan «Hol dir den großen Geschmack!», der uns von den Plakatwänden anschreit.

Hab mich aūf Schūlbrote spezialisiert.

Essen im Schlaraffenland – eine verhaltensbiologische Falle

Belohnung, Trost, Gemeinsamkeit, Statuszuweisung, Geschmackserlebnis – inmitten unseres verwirrend vielfältigen Nahrungsangebotes können wir all diesen Motiven, die zum Essen führen, weitgehend hemmungslos nachgehen. So gesehen ist es fast verwunderlich, daß nicht noch mehr Menschen unter Eßstörungen und Übergewicht leiden, weil ein entscheidendes Regulativ der Nahrungsaufnahme fehlt, nämlich die Knappheit an Nahrungsmitteln.

Wie wir gesehen haben, haben all diese Motive ja ihren biologischen Sinn. Die Lust am Süßen, das gemeinsame Essen, die Freude am Geschmack sind verhaltensbiologische Determinanten, die in der langen Entwicklungsgeschichte der Menschheit überlebenswichtig waren.

Ich halte es für sehr wichtig, sich das klarzumachen. Normalerweise wird bei uns derjenige, der Schwierigkeiten damit hat, sich beim Essen zu mäßigen, der biologischen Entgleisung bezichtigt, weil er über den physiologischen Hunger ißt. Aber der physiologische Hunger ist nicht das einzige Regulativ der Nahrungsaufnahme, wie die Forschungen der Ernährungspsychologen zeigen.

Ich denke, wir stecken hier alle in einer verhaltensbiologischen Falle, der wir nicht entrinnen können.

Erlauben Sie mir einen kleinen Exkurs, um zu verdeutlichen, was ich unter «verhaltensbiologischer Falle» verstehe.

Es gibt etliche menschliche Verhaltensweisen, die außerordentlich unvernünftig erscheinen: unsere Bequemlichkeit (Wer geht schon noch zu Fuß, wenn er mehr als ein oder zwei Kilometer zurücklegen muß?), unser manchmal recht merkwürdiges Gruppenverhalten (angefangen bei tobenden Fußballstadien bis zur Gruppenzuweisung via Zigarettenmarke), unser Drang, viele Dinge um uns anzuhäufen, unsere Vorliebe für Süßes und unser Essen über den Hunger. All das *nicht* zu tun, fällt schwer – warum?

Genau besehen sind all diese Verhaltensweisen unter knappen Lebensbedingungen ganz außerordentlich vernünftig.
Wer mit Energie knapp versorgt ist, der tut gut daran, sie nicht sinnlos zu verschleudern. Der Steinzeitmensch, der Abkürzungen lief, hatte am Ziel seines Weges mehr Kraft übrig, um die Jagdbeute zu erlegen, als sein unvernünftiger Zeitgenosse, der keinen Gedanken an die Einsparung von Körperenergie verschwendete.
Heute hat sich das Verhältnis umgekehrt. Nicht derjenige, der Körperenergie spart, verhält sich vernünftig, sondern der, der in seiner Freizeit möglichst viel Energie auf nutzlose Weise verbraucht, sprich: Sport treibt. Der Impuls des Körpers zielt nach wie vor auf das Energiesparen. Eine solche Verhaltensdeterminante kann nicht innerhalb von hundert Jahren abgebaut werden.
Vielleicht wollen Sie hier einwenden, die Lust am Sport sei doch so groß, daß es wohl doch so etwas wie einen Impuls zur «nutzlosen Bewegung» beim Menschen geben müsse. Aber welche Sportart gebärdet sich als wirklich «nutzlos»? Werden nicht ständig Urkunden, Pokale und Rekorde erjagt? Ein Ziel braucht der Mensch, um sich zu bewegen, und sei es nur ein Stück ehrenvolles Papier.
Für den Körper ist diese Bequemlichkeit, die früher ihren Sinn hatte, ungesund, er tappt in die verhaltensbiologische Falle Nr. 1.
Zum Stichwort Gruppenverhalten: In der Entwicklungsgeschichte der Menschheit war derjenige zum Tode verurteilt, der alleine überleben mußte. Anpassung an die Gruppe, das tun, was alle taten, war überlebenswichtig.
Unter Überflußbedingungen birgt aber genau dieses Verhalten Risiken, die dem Individuum schaden können: Beispielsweise wird geraucht und getrunken oder Auto gefahren, weil es Zugehörigkeit demonstriert. Das sind Verhaltensweisen, die verständlich sind, weil soziale Zugehörigkeit überlebenswichtig ist, aber sie sind dysfunktional zur Erhaltung unserer Umwelt. Die verhaltensbiologische Falle Nr. 2.
Noch etwas gibt es, was jeder «vernünftige» Mensch kritisiert, und dennoch scheint niemand in der Lage zu sein, es abzustellen: den Hang zum hemmungslosen Anhäufen von Dingen.

Unsere Gesellschaft erstickt in Unmengen von Gegenständen und hört doch nicht auf, noch mehr davon zu produzieren. Das hat natürlich sehr verwickelte wirtschaftliche Gründe, aber kann es nicht auch sein, daß unser seit Urzeiten überkommenes «Gefühlsgerüst» noch immer signalisiert, daß der in Sicherheit ist, der viel gesammelt hat?

Warum macht Sammeln denn so viel Spaß? Nüchtern betrachtet ist es sinnlos, eine möglichst große Anzahl von Papierschnipseln, sprich Briefmarken, oder Plastikklümpchen, sprich Figuren aus Überraschungseiern, anzusammeln, aber das Betrachten dieser Sammlung erzeugt in dem Sammler ein Gefühl von Befriedigung und Sicherheit.

Auch hier: unter knappen Bedingungen kann das Anhäufen von Vorräten und Ausstattung kaum Ausmaße annehmen, die für die Umwelt des Menschen und somit auch für ihn selber zum Problem werden könnte. Der Impuls zum Aufhören brauchte in sein Verhaltensrepertoire nicht eingebaut zu werden, da es extern durch das begrenzte Angebot bereits geregelt war. Auch Tieren fehlt dieses Motiv, mit Sammeln aufzuhören, wenn ihre Lager gefüllt sind. Eichhörnchen und Hamster sammeln durchaus über ihren Bedarf, wenn es das Angebot ihrer Lebensumstände zuläßt. Sie stören dadurch allerdings nicht die Kreisläufe der Natur. Eine Nuß, die das Eichhörnchen nicht braucht oder nicht wiederfindet, hat immerhin die Chance, ein Nußbaum zu werden. Die Überreste menschlicher Sammelwut vergammeln dagegen auf Mülldeponien, wo sie bestenfalls nicht mehr anrichten als die Landschaft zu verunstalten und schlimmstenfalls die Natur vergiften, anstatt in ihren Kreislauf zurückzukehren. Sammeln – verhaltensbiologische Falle Nr. 3.

Und nun zum Essen: Bis vor hundert Jahren war es den Menschen überhaupt nicht möglich, sich «vernünftig» zu ernähren – weil schlicht niemand wußte, welche Stoffwechselabläufe sich im menschlichen Körper abspielen. Es gab wohl Erfahrungen mit verschiedenen Lebensmitteln und Heilkräutern, die auch weitergegeben wurden, aber die tatsächlichen Wirkungszusammenhänge waren nicht bekannt.

So wie die Menschen sich ja auch fortpflanzten, bevor sie etwas über die Zeugung wußten, weil die Natur ihnen die Lust als Triebfeder eingebaut hatte, so ernährten sich die Menschen, reguliert über Gefühle und Gelüste, ohne zu wissen, was ihr Körper mit der Nahrung eigentlich machte. Unter knappen Bedingungen waren diese Gelüste ein zuverlässiger Wegweiser, aber uns, vom Überfluß umgeben, spielen sie so manchen Streich. Die Lust am Essen – sie wird zur verhaltensbiologischen Falle Nr. 4.

Eine kleine geschichtsphilosophische Spekulation

Was hat den Menschen nun dazu gebracht, seine eigene Lebensumwelt so stark zu verändern, daß er sich selber nicht mehr «artgerecht» verhalten kann?

Es gibt unendlich viele Kausalzusammenhänge, in denen sich die Entwicklung der alten Kulturen hin zu unserer Zivilisationgesellschaft verfolgen läßt. Aber wo liegt eigentlich der Grund für diese immer weiter getriebenen Veränderungen? Tiere verändern doch auch nicht laufend ihre Lebensbedingungen?

Bei Thomas Weiss fand ich zwei Sätze, von denen ich glaube, daß sie den Ausgangspunkt dieser «verhaltensbiologischen Fallen» bezeichnen. Es geht dort um die Ernährung im Verlaufe der Menschheitsgeschichte.

Da heißt es: «Dem Neandertaler gelingt eine technische Großtat, die alle anderen überschattet und die Ernährung revolutioniert: (er ist) in der Lage, das Feuer zu zähmen.» «Der Neandertaler kleidet sich in Pelzen und kann sich in gewärmten Hütten schützen. Damit sind die damaligen Erdenbewohner zum ersten Mal nicht mehr an das tropische Klima gebunden. Sie können auch kältere Landstriche besiedeln, in denen sie zu überleben lernen.» (Weiss 1994, S. 44)

Gezähmtes Feuer – das bedeutet doch, daß sich Menschen die Energie anderer Lebewesen zunutze machen, und das, ohne den eigenen Körper dazu einzusetzen.

Natürlich verbraucht jeder Mensch und jedes Tier bei der Ernährung die Energie anderer Lebewesen, durch Verzehr und Verdauung von Pflanzen oder Tieren. Man spricht ja sogar davon, daß Kalorien im Körper «verbrannt» werden.
Aber das findet im menschlichen Körper statt und ist in Menge und Geschwindigkeit durch die Physiologie des Körpers begrenzt.
Das Feuer entgrenzt diese Umsetzung von Energie. Nun ist der Mensch nicht mehr darauf angewiesen, dort zu bleiben, wo die Körpertemperatur aus eigener Kraft gehalten werden kann – mittels Feuer wird einfach ein Stückchen Umgebung erwärmt.
Da braucht er nicht mehr nur seine Verdauungskräfte, um pflanzliche oder tierische Nahrung aufzuschließen. Durch Erhitzung mittels Feuer wird die Nahrung vorverdaut, er kann mehr Energie mit weniger Kraftaufwand aufnehmen.
Jahrtausende blieb es bei dieser Nutzung der externen Energie durch Feuer: Heizen und Kochen.
Aber irgendwann ging es weiter. Durch Schmelzen von Metallen und die Herstellung von Werkzeug erweiterte der Mensch die Effektivität seiner körperlichen Arbeit weit über das Maß hinaus, das mit Steinwerkzeugen erreichbar war.
Und dann koppelte er auch noch die Arbeitsenergie von seinem Körper ab, die Maschinen wurden erfunden.
Zunächst wurden sie mit Energie aus der Natur gespeist (Tiere, Wasser, Wind), dann aber auch durch Feuer. Der Dampfmaschine folgte bald der Verbrennungsmotor.
Auch bei der Verwendung fossiler Brennstoffe wird ja Energie genutzt, die vor Millionen Jahren von Lebewesen gespeichert wurde.
Erst die Atomkraft greift auf Rohstoffe zurück, die nicht durch «Leben» Energie eingefangen haben. Vielleicht ist sie gerade darum so bedrohlich?
Genaugenommen lebt der Mensch ständig über seine Verhältnisse – und wie so etwas über kurz oder lang ausgeht, das wissen wir leider alle.
Aber wozu nutzen die Menschen eigentlich ständig Fremdenergie? Damit sie in Gegenden überleben können, die ihnen klimatisch

nicht zuträglich sind. Die ersten Maschinen der industriellen Revolution wurden zur Produktion von Pelzersatz erfunden: Spinnmaschinen und mechanische Webstühle.

Ein anderer Schwerpunkt ist der Transport. Wo nicht alle Lebensmittel wachsen, besteht ein Transportbedarf: Getreide nach Norden, Seefisch nach Süden, immer mehr, immer schneller, mit Feuer in jeder Form als Antriebskraft.

Fast noch wichtiger sind die Techniken des Konservierens von Lebensmitteln. Die kurzen Vegetationsperioden auf der nördlichen Halbkugel bringen zwar gebietsweise (nicht überall!) genügend Früchte hervor, aber das nur, wenn's hochkommt, die Hälfte des Jahres über. Also wird gedörrt, eingekocht, gekühlt – mit Fremdenergie. Womit wir wieder beim Essen wären.

Sind unsere Kinder am Familientisch nicht «Junge» einer Spezies, die ein uraltes, ererbtes Verhaltensrepertoire an unsere durch Feuer «entgrenzten» Lebensbedingungen anpassen müssen?

Nicht jedem gefällt ein solcher Gedankengang, «biologistisch» wird er genannt. Man wirft diesem Denkansatz vor, den Menschen auf ein Tier zu reduzieren und zu verkennen, daß er hauptsächlich durch Erziehung und soziale Zusammenhänge geprägt wird.

Ich habe selber auch einmal so gedacht. Aber ich habe die Erfahrung gemacht, daß diejenigen Erklärungsmodelle rasch in sich zusammenfallen, die nicht auch das mitbedenken, was man als die «Natur» des Menschen bezeichnen könnte.

Ich will die Erziehung, oder besser: das prägende Miteinander von Erwachsenen und Kindern, keinesfalls entwerten. Aber ich denke, der gedankliche Rahmen, den ich hier abgesteckt habe, kann uns dazu verhelfen, die Schwierigkeiten rund um den Familientisch nicht nur unserer eigenen Inkonsequenz, schlechten Gewohnheiten und der Widerborstigkeit der Kinder zur Last zu legen.

Wir sind einfach alle ein bißchen überfordert.

Und das auch nicht erst zu unserer Zeit. Die biblische Erkenntnis «Der Geist ist willig, aber das Fleisch ist schwach» bezeichnet sehr genau die Erfahrung, daß immer wieder die Impulse des Körpers die Einsichten der Vernunft über den Haufen rennen.

Lassen wir den Anspruch fahren, uns und unsere Kinder optimal zu ernähren. Aus den gegebenen Umständen das Beste zu machen, oder auch mal das Zweitbeste, läßt uns am Ende noch am meisten von dem, was uns über alle Kultur und Zivilisation hinweg mit den Menschen vor Tausenden von Jahren verbindet: der Freude am Leben.

Die Geschichte der Ernährung

Von unseren eigenen Eßgewohnheiten war nun viel die Rede. Aber werfen wir doch auch einmal einen Blick in die Kochtöpfe unserer Vorfahren.

Dabei ist zweierlei interessant. Zum einen die Frage, welche Ernährung in der Entwicklung der Spezies Mensch eine Rolle spielte, und wie der Mensch, der sich in unseren Breitengraden angesiedelt hat, angesichts der ökologischen Bedingungen, die er vorfand, seinen Speisezettel gestaltete.

Wenn wir davon ausgehen. daß die Spuren menschlichen Lebens, die Forscher unserer Zeit gefunden haben, richtig interpretiert wurden, dann haben unsere Urahnen überwiegend von pflanzlicher, aber auch von tierischer Kost gelebt.

Der Australopithecus ist eine Vorform des Menschen, von der man etwa vier Millionen Jahre alte Spuren in Afrika, Indien und Java gefunden hat. Man geht davon aus, daß diese Urahnen des Menschen alles aßen, was sie, bedingt durch ihren Körperbau, erlangen konnten: Pflanzen jeder Art, aber auch Insekten, Kleintiere, Jungtiere und kranke oder von Raubtieren gejagte Tiere. Größere Tiere zu jagen erlaubte der Körperbau nicht, und raffinierte Jagdtechniken waren noch nicht erfunden.

Diese Menschenart hat lange auf der Erde überlebt, etwa drei bis fünf Millionen Jahre, viel länger als der Homo sapiens bislang.

In dieser Zeit mußte die Physiologie des menschlichen Körpers etwas entwickeln, was die Ernährungslehren heute viel zu leicht aus den Augen verlieren, nämlich die Fähigkeit, bestimmte Nährstoffe über längere Zeit zu speichern. Daß Fett ein solcher Speicher ist, der aus Zeiten des Nahrungsüberflusses Energie in knappere Zeiten hinüberrettet, ist bekannt, aber auch Vitamine und Mineralstoffe kann sich der Körper für längere Zeit «aufbewahren». So war es diesen frühen Menschen möglich, Schwankungen im Nahrungsangebot auszugleichen.

Primitives Werkzeug hat der Australopithecus auch schon benutzt, ebenso der Homo habilis und der Homo erectus, die ihm folgten. Allerdings ging das kaum über Knüppel und Speere hinaus.
Erfindungsreicher ist da schon der Neandertaler, der allerdings «erst» vor 250 000 Jahren auftaucht. Ihm gelingt das, wovon ich schon sprach: Er lernte, sich über das Feuer Fremdenergie nutzbar zu machen, die er nicht über seinen Verdauungsapparat umsetzen mußte.
Das hat auch Auswirkungen auf seine Ernährung. Mußte sich der Australopithecus, der Homo habilis (vor 2,5 Mio. Jahren) und der Homo erectus (vor 750 000 Jahren) noch in Regionen aufhalten, deren Temperaturen seiner Körpertemperatur angepaßt waren, konnte der Neandertaler auch dort überleben, wo es eigentlich zu kalt für ihn war.
Und nicht nur für ihn, auch die vielfältige Pflanzenwelt, die seinen Vorfahren in wärmeren Regionen zur Nahrung diente, konnte in der Kälte der Eiszeit auf der Nordhalbkugel der Erde nicht überleben.
Entsprechend größer wurde der Anteil der Jagd an der Gesamtversorgung mit Nahrungsmitteln. Nach Glatzel (1974, S. 6) standen dem Eiszeitmenschen tatsächlich kaum pflanzliche Lebensmittel zur Verfügung.
Um sich durch die Jagd ernähren zu können, mußten aber nicht nur die Werkzeuge verbessert werden, auch die soziale Organisation der Menschengruppe mußte ausgeklügelter und zuverlässiger sein, um gemeinsam so große Tiere wie z. B. ein Mammut erlegen zu können.
Das Feuer, selbst schon eine Revolution in der Geschichte der menschlichen Ernährung, bereitete die zweite Revolution vor: den Ackerbau.
Denn gut anbauen, und vor allem gut lagern, ließen sich hauptsächlich Samenfrüchte, die vor dem Verzehr gekocht werden müssen.
Auf diesem Wege wurde nun auch die pflanzliche Ernährung wieder wichtiger. Der Ackerbauer nahm sozusagen seine Nahrungs-

produktion unter Kontrolle, und das gelang zunächst mit der pflanzlichen Nahrung am leichtesten. Später wurde durch Tierhaltung dann auch Fleisch in die Ernährung mit einbezogen.

Allerdings führte diese Art und Weise, das Überleben zu sichern, zu etlichen Veränderungen gegenüber den Gewohnheiten der Jäger und Sammler.

Zum einen schrumpfte die Artenvielfalt der verzehrten Pflanzen auf recht wenige zusammen. Aß der Sammler noch alles, was nicht giftig war, im Wechsel der Jahreszeiten, beschränkte sich der Ackerbau auf wenige «Grundnahrungsmittel». Auch die Qualität des verzehrten Fleisches änderte sich, es wurde zarter, aber auch fettreicher als das Wild, das der Jäger nach Hause brachte.

Auch der soziale Bereich wurde von dieser Entwicklung betroffen. Nun spielten Schutz von Eigentum und Familienhierarchien eine Rolle, was den Jägern und Sammlern eher hinderlich gewesen wäre. Auch die Familien wurden größer, weil nun Arbeitskraft vor Mobilität ging. Die Eigenheiten in der Sozialstruktur von Jägern und Sammlern kann man an noch heute lebenden Urvölkern beobachten.

Solche Überblicke, die im Eilverfahren Zeiträume überspannen, die uns überhaupt nicht vorstellbar sind, haben natürlich etwas Zweifelhaftes an sich. Aber mir kommt es auch nicht auf Einzelheiten und Differenzierungen an. Ich finde nur wichtig, sich klarzumachen, daß sich der Mensch von heute genetisch nicht von dem unterscheidet, der als Jäger und Sammler oder als früher Ackerbauer gelebt hat. Das ist zwar schwer zu glauben, hat sich doch die Erscheinungsform des Menschen durchaus noch gewandelt. Aber wir müssen bedenken, daß der schwärzeste Afrikaner und der hellhäutigste Skandinavier derselben Gattung angehören. Es sind lediglich äußere Merkmale, die sich da über Jahrtausende, durch die Lebensbedingungen verstärkt, herausgebildet haben.

Die Abstammung von Sammlern und Jägern könnte einiges am menschlichen Ernährungsverhalten erklären, das man ohne diesen Hintergrund doch als recht eigentümlich bezeichnen würde.

Ich habe mich lange gefragt, woher das offenbar vorhandene Bestreben kommt, immer wieder neue Geschmacksreize zu erleben, bzw. warum Erwachsene danach streben, kleine Kinder aber nicht. Vor dem Hintergrund, daß der erwachsene Mensch über Jahrmillionen sozusagen von der Hand in den Mund gelebt hat, also das verspeiste, was ihm gerade vor die Nase kam, wird dieses Bedürfnis einleuchtend. Denn dieser Jäger und Sammler hat auf seinen Streifzügen mit Sicherheit Hunderte verschiedener Geschmacksrichtungen genossen.

Und die Kinder? Sie wurden, so nimmt man an und weiß es auch von noch heute lebenden Jägern und Sammlern, etwa vier Jahre lang gestillt. Sie hatten also vier Jahre lang Süßes als Grundrichtung ihres Geschmackserlebens, das erst langsam in die Abwechslung hineinwuchs.

Mit dem Aufkommen der Ackerbaukultur beraubte sich der Mensch dieser Lebensqualität. Die Bandbreite der verzehrten Pflanzenarten reduzierte sich auf erbärmlich wenige – was die Menschen dazu veranlaßte, zumindest die Vielfältigkeit der Geschmacksreize durch Gewürze und unterschiedliche Zubereitungsarten wiederherzustellen, wenn schon die Vielfalt der verzehrten Pflanzen nicht mehr gegeben war.

Natürlich ermöglichte allein schon das Vorhandensein der Feuerstelle weitaus vielfältigere Zubereitungen, als es dem frühen Menschen ohne Feuer möglich gewesen war. Aber nur aus der Tatsache, daß diese Möglichkeit bestand, erklärt sich noch nicht der gewaltige Aufwand, den die Menschen im Verlauf der Geschichte zur Erlangung von Geschmacksreizen betrieben haben. Man denke nur an die ungeheuren Wege, die Händler allein für Pfeffer zurückgelegt haben; es wurden sogar Kriege um Gewürze geführt!

Das reicht nun schon hinein in geschichtliche Zeit.

Ich denke, die verschiedenen Speisezettel der alten Europäer brauche ich hier nicht aufzuführen, es genügt eigentlich zu wissen, daß seit den Anfängen des Ackerbaus im alten Ägypten die Menschen von verschiedenen Getreidearten als Grundnahrungsmittel, wenigen Gemüsen als Ergänzung und Fleisch und Fisch je nach Verfügbarkeit lebten.

Getreide konnte gut gelagert und das Jahr über in gleichbleibender Zubereitung gegessen werden. Gemüse und Obst war saisonabhängig vorhanden. Fleisch als am leichtesten verderbliches Lebensmittel gab es entweder reichlich zum Zeitpunkt des Schlachtens, eingesalzen oder getrocknet war von fragwürdigem Geschmack, oder es war überhaupt nicht vorhanden. Die Viehhaltung bot natürlich eine gewisse «lebendige Lagerung» von Fleischvorräten, was aber schon immer eher den Wohlhabenderen zugute kam, denn das Vieh mußte ja seinerseits gefüttert werden.

Basierten die Kulturen des Altertums weitgehend auf Getreide als Grundnahrung mit reichlich Fleisch bei Festgelagen, so weitete sich der Fleischkonsum im Mittelalter noch einmal gewaltig aus. Das dürfte ähnliche Gründe gehabt haben wie der hohe Fleischverzehr des Eiszeitmenschen, klimatische und vegetationsbedingte.

Den ausgedehnten Wäldern Mitteleuropas Land zur Bestellung abzuringen, war mühsam und der Ertrag eher kärglich. Dagegen ließ sich das Vieh in die Wälder treiben und dort mästen, ganz abgesehen davon, daß die Wildbestände der Wälder ebenfalls einen Fleischvorrat darstellten, der zumindest von den Adligen eifrig genutzt wurde. Allerdings wurde Fleisch in großen Mengen wohl eher schubweise verzehrt, es ließ sich ja schlecht lagern, und die ärmeren Bevölkerungsschichten waren auch im fleischliebenden Mittelalter weitgehend auf Getreidegrütze angewiesen.

Für uns kaum noch vorstellbar ist die Tatsache, daß es im Mittelalter bis in die Neuzeit hinein immer wieder zu Hungersnöten kam, die auf Mißernten zurückgingen. In der Gegend um Florenz, einer klimatisch immerhin eher freundlichen Gegend, soll es im Zeitraum von 1375 bis 1791 einhundertundelf Mißernten gegeben haben gegenüber nur 16 wirklich ausreichenden Ernten (Weiss 1994, S. 60). Das ist umgerechnet eine Mißernte alle vier Jahre!

Daß die Menschen jener Zeit langsam den Respekt vor «Mutter Erde» verloren, daß sie all ihr Sinnen und Trachten daran setzten, durch immer neue technische Entwicklungen in Landwirtschaft, Handwerk und Verkehr eine gewisse Zuverlässigkeit in ihrer Versorgung den Gegebenheiten abzutrotzen, die eine «Mutter» eigentlich von sich aus gewähren sollte, finde ich mehr als verständlich.

Die Lage entspannte sich ein wenig, als die Kartoffel auf den mitteleuropäischen Äckern buchstäblich Wurzeln schlug. Die Spanier hatten sie Ende des 16. Jahrhunderts aus Südamerika mitgebracht, aber es dauerte noch hundert bis zweihundert Jahre, bis sie sich neben dem Getreide als Grundnahrungsmittel des Volkes durchgesetzt hatte. Dann aber trug sie dazu bei, daß die Hungersnöte weitgehend ausblieben.

Der Hunger bekam nun ein anderes Gesicht. Die industrielle Entwicklung brauchte den landlosen Industriearbeiter, der keine Nahrungsmittel selbst produzieren konnte, häufig aber nicht genug verdiente, um ausreichend Lebensmittel kaufen zu können.

Gleichzeitig mit dem Kartoffelanbau setzt sich eine Neuerung in der Viehhaltung durch. Das Vieh wird nicht mehr in den Wald getrieben, sondern auf Weiden gehalten, auch wird systematisch Viehfutter angebaut. Das erhöht wiederum die Ausbeute an Milch und erschließt damit eine weitere Proteinquelle, die zwar zuvor auch schon genutzt wurde, aber nie solche Ausmaße erreichen konnte, daß sie so wie heute über Milchprodukte das Fleisch ersetzen konnte.

Damit wären wir bei den Grundlagen für unsere Ernährungsgewohnheiten angekommen: Getreide und Kartoffeln als stärkehaltiges Grundnahrungsmittel, Gemüseanbau als Ergänzung und Viehhaltung zur Versorgung mit Fleisch und Milchprodukten.

Ein bißchen Biologie

Bevor wir uns nach diesem kurzen Streifzug durch die Vergangenheit den heute gängigen unterschiedlichen Ansichten über die richtige Ernährung zuwenden, möchte ich noch einen kurzen Blick auf die Biologie des menschlichen Körpers werfen.

Wenn man davon ausgeht, daß der Mensch sich von dem ernähren sollte, wofür er gebaut ist, zeigt ein Blick auf seine Eß- und Verdauungswerkzeuge, daß er offensichtlich für beides eingerichtet ist, für pflanzliche und für tierische Kost.

Ein Fleischfressergebiß besteht aus spitzen Reißzähnen und scharfkantigen Backenzähnen, die mit langen Wurzeln im Kiefer verankert sind. Die Kiefer selbst werden von außerordentlich starken Muskeln bewegt, können aber nur auf- und zuklappen und keine seitlichen Mahlbewegungen ausführen.

Ein Pflanzenfressergebiß dagegen besteht aus weniger tief verwurzelten Zähnen. Die Schneide- und Eckzähne sind wesentlich schwächer ausgebildet (abgesehen von Stoßzähnen, die aber anderen Zwecken dienen als der Zerkleinerung von Nahrung). Die Backenzähne bilden breite Kauflächen, die seitlich mahlend aufeinander bewegt werden können.

Beide, das Pflanzen- und das Fleischfressergebiß haben eine mehr oder weniger große Lücke zwischen Eck- und Backenzähnen.

Das menschliche Gebiß ist nun eine Mischung aus beiden Formen. Die Zähne sind tief verankert wie beim Fleischfresser und die Schneidezähne relativ kräftig. Die Backenzähne sind aber als flache Mahlzähne ausgebildet, die sich seitlich aufeinander bewegen können. Als Besonderheit fehlt die Lücke zwischen Eckzähnen und Backenzähnen.

Eine ähnliche Mittelstellung des menschlichen Körpers zeigt sich in seinen Verdauungsorganen. Sein Magensekret mit dem hohen Salzsäuregehalt ähnelt dem des Fleischfressers, sein Darm ist dagegen deutlich länger, wenngleich wiederum kürzer als der eines reinen

Pflanzenfressers. Es fehlen auch die geräumigen «Gärkammern», in denen viele Planzenfresser zellulosereiche Pflanzenteile verdauen können. Ebensowenig kann der Mensch aus organischen Stickstoffverbindungen Proteine aufbauen. (Glatzel 1974, S. 86–89)
Genaugenommen ist der Mensch für keine der beiden Ernährungsweisen optimal eingerichtet. Aber das heißt auch, daß keine der beiden Ernährungsweisen für ihn widernatürlich wäre.
Was sich wie ein Nachteil anhört, ist aber vermutlich der Grund dafür, warum sich unsere Vorfahren so gut wie kein anderes Lebewesen auf der Erde an unterschiedliche Lebensbedingungen anpassen konnten. Wo es reichlich Pflanzen gab, konnten sie sich gut davon ernähren, als zusätzliche Proteinzufuhr genügten geringe Mengen tierischer Nahrung; unter Umständen reichte sogar reine Pflanzenkost.
Wo es für eine üppige Vegetation zu kalt oder zu karg war, konnten sie sich von Tieren erähren, deren Verdauungsapparat es ihnen besser als dem Menschen erlaubte, die Vegetation auszunutzen.
Da der Mensch nun zusätzlich noch gelernt hat, durch Erhitzen der Nahrung sowohl pflanzlicher als auch tierischer Herkunft seinem Verdauungsapparat erheblich Arbeit abzunehmen und dadurch die Palette verfügbarer Nahrungsmittel noch einmal zu erweitern, waren seiner Ausbreitung auf dem Erdball fast keine Grenzen mehr gesetzt.
Beim Nachdenken darüber, ob Menschen nun Pflanzen- oder Fleischfresser sind, gibt es allerdings noch ein Argument, das dafür sprechen würde, Menschen den Pflanzenfressern zuzuordnen. Das ist die Tötungshemmung, die Menschen ganz offensichtlich haben, nicht nur, wenn es um ihresgleichen, sondern auch, wenn es um andere Tiere geht. Kein Löwe, keine Katze, kein Wolf zeigt auch nur die kleinste Spur von Hemmung, ein Beutetier anzugreifen, im Gegenteil. Bewegt sich ein kleines Etwas vor ihnen, erwacht sofort ihr Jagdtrieb.
Menschen finden Tiere meist ganz sympathisch, es sei denn, sie haben Angst vor ihnen. Und ob Angst der richtige Antrieb ist, ein Tier zu jagen und zu erlegen? Den meisten Menschen fällt es schon

schwer, nur eine Maus zu töten. Es ist jedenfalls gewiß nicht abwegig, aus diesem Verhaltensrepertoire des Menschen zu schließen, daß das Fleischessen nicht seiner Natur entspricht. Betrachten wir allerdings unsere nächsten Verwandten, die Menschenaffen, können wir sie an Ameisenhaufen sitzen sehen, wie sie Ameisen an Stöckchen angeln, oder sie lesen Würmchen von Blättern ab und stecken sie sich genüßlich in den Mund.

Es ist wohl die Fähigkeit des Menschen, sich in andere hineinzuversetzen, verbunden mit der physiognomischen Ähnlichkeit eines Säugetiers mit dem Menschen, die die Tötungshemmung auslöst. In einem Tier, das uns aus großen Augen anschaut, sehen wir einen Partner, nicht ein Opfer, jedenfalls solange wir keinen Hunger haben.

Ich denke, die Frage wird sich nicht klar beantworten lassen, was nun der Natur des Menschen am ehesten entspricht, eine rein pflanzliche Ernährung oder eine Ernährung mit Fleisch. Widernatürlich scheint beides nicht zu sein. Unter unseren Ernährungsbedingungen ist sicher eine überwiegend vegetarische Ernährung besser bekömmlich. Und zur Frage der Moral blättern Sie vielleicht einmal zurück zu der Geschichte von Donald... (S. 166 ff)

Ach,
wäre ich doch
Ernährungs-
wissenschaftler!

Kapitel 11 **Der geistige Rahmen der Eßkultur**

Bei der Auswahl der Nahrung kommt natürlich noch ganz anderes ins Spiel als nur die Möglichkeiten, die uns unser Lebensraum bietet, und die körperlichen Voraussetzungen, die wir zu ihrer Aufnahme mitbringen.

All unsere Verhaltensweisen sind so stark von geistigen und kulturellen Traditionen überformt, daß für uns einfach nicht mehr alles in Frage kommt, was biologisch möglich wäre.

Wir würden gewiß keine Käfer und Ratten verspeisen. Selbst, wenn unsere Verdauungssäfte damit fertig würden, würde uns der kulturell vermittelte Ekel die ungewohnte Speise im Halse stecken lassen.

Wie eine Kultur mit Essen umgeht, hängt eben nicht nur vom Kalorien- und Vitamingehalt der Nahrung ab, sondern die Wertvorstellungen einer Gesellschaft spiegeln sich selbstverständlich auch im Umgang mit dem Essen.

Wir machen uns heute sehr viele Gedanken um die richtige Ernährung. Nicht nur, weil die Ärzte so viele ernährungsabhängige Krankheiten diagnostizieren, sondern wohl auch, weil uns heute für viele Dinge die Verantwortung zugeschoben wird, die die Menschen früher dem lieben Gott überlassen haben. In Krankheit und Leid hatte man sich zu schicken, sie waren göttliche Fügung. Und heute? Mir saß jahrelang ein Satz aus einer Ernährungslehre im Nacken: «Wer heutzutage krank wird, ist selber schuld!»

Solche Schuldzuweisungen gibt es noch mehr: Wer ein krankes Kind bekommt, hat vielleicht die Vorsorgeuntersuchungen nicht richtig wahrgenommen. Eltern mit Problemkindern haben die Erkenntnisse der Pädagogik und Psychologie nicht ausreichend berücksichtigt. Wer im Beruf nicht vorwärts kommt, hat sein Potential nicht ausgeschöpft.

Die «Machbarkeit» des Lebens ist das Glaubensbekenntnis unserer Zeit. Sicherheit wird nicht mehr in Abrahams Schoß, sondern in der eigenen Leistung gesucht. Diese weitreichende Selbstverantwortung kann natürlich in vielen Fällen subjektiv beflügelnd wirken, und das ist zweifellos die positive Seite dieser Entwicklung. Dennoch: Wie soll man selbstverantwortlich Entscheidungen treffen, ohne sich Maßstäbe zu eigen zu machen, an die man eben doch einfach glauben muß?

Aufs Essen bezogen: Kein Mensch kann die Eignung eines Lebensmittels zur menschlichen Ernährung im Laufe seines Lebens selbst erforschen, es ist viel zu kurz dazu.

Also muß man anderen glauben, seien es nun Mütter, Ärzte, Wissenschaftler oder Religionsstifter. Irgendeinen Maßstab muß man sich zu eigen machen. Zur Qual der Wahl von Nahrungsmitteln kommt auch noch die Qual der Wahl von Maßstäben hinzu.

Wir neigen nun dazu anzunehmen, daß die Wissenschaft in diesem Bereich verläßliche Aussagen macht und darum eigentlich in der Reihe zwischen Müttern und Religionsstiftern nichts zu suchen hat.

Wenn man aber in der einen Ernährungslehre liest, erhitztes Fleisch sei schädlich (Schnitzer) und in der anderen, ebenfalls wissenschaftlich einwandfrei belegt, erhitztes Fleisch sei absolut notwendig zur Abdeckung des Proteinbedarfs (Deutsche Gesellschaft für Ernährung), dann bleibt einem weiter nichts übrig, als zu entscheiden, wem von beiden man nun glauben will.

In diesem Zusammenhang ist es ganz interessant zu beobachten, daß in Büchern über Ernährung gern Regeln aufgestellt werden – raten Sie, wie viele? Zehn natürlich. Zu finden in allen Broschüren der Gesellschaft für Ernährung und als Untertitel von Thomas Weiss' Buch «Krank im Schlaraffenland». «Gebote» heißt es dort nicht gerade, aber dennoch…

Nun will ich gewiß nicht die Erkenntnisse der Ernährungswissenschaft einfach beiseite wischen. Aber ich denke, menschliche Ernährung ist ein so unglaublich komplexes Gebiet, daß sich kaum geradlinige, eindeutige Aussagen machen lassen.

Albert Schweitzer hat erlebt, daß Menschen, die unwissentlich ein Nahrungstabu gebrochen hatten, innerhalb eines Tages starben, ohne daß das Nahrungsmittel nach unseren wissenschaftlichen Erkenntnissen tödlich giftig gewesen wäre (Glatzel 1974, S. 270); da fange ich sehr wohl an zu überlegen, ob nicht manches, was bei uns, wissenschaftlich untermauert, als «ungesund» bezeichnet wird, mehr tabu als schädlich ist. Gerade in der Auseinandersetzung zwischen Vegetariern und Nichtvegetariern spielen sicherlich auch Glaubensfragen eine Rolle, die sich einer wissenschaftlichen Beurteilung entziehen.

So ist es erwiesen, daß Vegetarier meistens die gesünderen Leute sind. Das wird dann auf den günstigeren Cholesterinspiegel im Blut und andere Stoffwechselprodukte zurückgeführt. Mag sein. Aber könnte es nicht auch daran liegen, daß Vegetarier meistens bewußter leben und allein das bewußtere Nachdenken über sich und die Welt Lebensenergien mobilisiert, die ihrerseits helfen, Gesundheit aufrechtzuerhalten?

Wer will das beantworten?

Ernährungslehren – quergelesen

Wie viele andere Paare auch begannen wir uns mit der Geburt des ersten Kindes für Fragen der Ernährung zu interessieren. Das ist nun 16 Jahre her und fiel genau in die Zeit, als die ersten Bioläden öffneten, die «alternativen» jungen Städter aufs Land zogen (so auch wir) und ein ebenso fruchtbares wie manchmal auch furchtbares Gemenge von Erkenntnissen, neuen Glaubensbekenntnissen und Politik entstand, in dem man sich nun zurechtfinden mußte.

Durch eine Freundin stieß ich auf die Schnitzer-Kost, eine vegetarische Kostform, die überwiegend aus Rohkost besteht und selbstverständlich nur frischgemahlenes Vollkornmehl verwendet. Also kauften wir eine Mühle, backten selber Brot und probierten eine Menge neuer Rezepte aus. Das war sehr belebend und spannend.

Mich erfaßten diese neuen Erkenntnisse so intensiv, daß ich kein

Stückchen Schokolade mehr ansehen konnte, ohne an die gräßlichen Folgen zu denken, die dieses in meinem Körper anrichten würde. Tatsächlich habe ich in dieser Zeit ein bis zwei Jahre lang nicht ein Stückchen Schokolade gegessen. Ich wäre also ein leuchtendes Vorbild gewesen – wäre dieser Verzicht nicht so angstbesetzt gewesen.

Denn von jenem Herrn Schnitzer stammte auch der Satz, der mich so schrecklich knechtete, daß heutzutage all diejenigen, die krank würden, selbst daran schuld seien. Dabei beobachtete ich an mir selber ein widersprüchliches Verhalten, das mich inzwischen glauben macht, daß auch Erwachsene durchaus nicht von seltsamen magischen Vorstellungen frei sind.

Ging ich nämlich einkaufen oder befand mich anderweitig außer Haus, genehmigte ich mir durchaus schädliches Weißmehlgebäck und zuckerverseuchte Eiskrem und lebte in dem seltsamen Bewußtsein, daß ich das eigentlich gar nicht esse, weil ich ja nicht zu Hause war, wo ich mich «ernährte».

Mir war dieser Widerspruch über den Kopf vollkommen klar, dennoch blieb dieses Gefühl lange Zeit bestehen.

Sie sehen, Einsicht schützt vor Verrücktheiten nicht.

Im Laufe der Zeit wurden diese ersten Versuche, mehr oder weniger strikt einer Ernährungslehre zu folgen, durch verschiedene Ereignisse verändert.

Die Kinder kamen in den Kindergarten, da war es aus mit der Süßigkeitenabstinenz.

Wir machten eine Entschlackungskur mit Milch und alten Brötchen, da gab es wieder Weißmehlbrötchen, wir hielten Schafe, und als es zu viele wurden, gab es wieder Fleisch, wir ernteten kiloweise rote Johannisbeeren (sehr sauer!), da stand auf einmal wieder Zucker im Regal.

So sind wir im Laufe der Zeit zu einem Speisezettel gekommen, der sicher «ziemlich» gesund ist, aber auch seine «ungesunden» Posten hat, je nachdem, welcher Ernährungsexperte sie kritisch betrachtet.

Lassen wir die Experten kurz Revue passieren, die unsereinem am häufigsten durch Literatur, in Funk und Fernsehen oder durch überzeugte Freunde und Bekannte begegnen.

Die Deutsche Gesellschaft für Ernährung

Am häufigsten stoßen wir auf die Ratschläge der Deutschen Gesellschaft für Ernährung, der DGE. Unsere Kinder bringen Faltblätter über das gesunde Schulfrühstück mit nach Hause, in der Arztpraxis liegen Broschüren, die örtlichen Krankenkassen bieten Ernährungsberatung an, und all dem liegt zugrunde, was die DGE für eine gesunde Ernährung hält.

Die hier entwickelte «Vollwertige Kost nach den Empfehlungen der DGE» enthält sich aller moralischen, philosophischen oder religiösen Bewertungen von Nahrungsmitteln. Ernährungswissenschaftliche Erkenntnisse über Nährstoffe, Vitamingehalt und Mineralstoffe werden hier zu «10 Regeln für eine vollwertige Ernährung» zusammengefaßt und in einem «Ernährungskreis» dargestellt. Die Regeln lauten:

1. Vielseitig – aber nicht zu viel.
   Abwechslungsreiches Essen schmeckt und ist vollwertig.
2. Weniger Fett und fettreiche Lebensmittel.
   Denn zu viel Fett macht fett.
3. Würzig, aber nicht salzig.
   Kräuter und Gewürze unterstreichen den Eigengeschmack der Speisen.
4. Wenig Süßes.
   Zu süß kann schädlich sein!
5. Mehr Vollkornprodukte.
   Sie liefern wichtige Nährstoffe und Ballaststoffe.
6. Reichlich Gemüse, Kartoffeln und Obst.
   Diese Lebensmittel gehören in den Mittelpunkt Ihrer Ernährung.
7. Weniger tierisches Eiweiß.
   Pflanzliches Eiweiß ist so wichtig wie tierisches Eiweiß.

8. Trinken mit Verstand.
   Ihr Körper braucht Wasser, aber keinen Alkohol.
9. Öfter kleinere Mahlzeiten.
   Das bringt Sie in Schwung und mindert Leistungstiefs.
10. Schmackhaft und nährstoffschonend zubereiten.
    Garen Sie kurz mit wenig Wasser und Fett.

(Faltblatt der Deutschen Gesellschaft für Ernährung e.V.)

Genau betrachtet enthalten diese Ratschläge alle Elemente der hierzulande üblichen «bürgerlichen Küche», in der es ja immerhin auch Obst, Salat und Quark gibt, versuchen allerdings, die Akzente zu verschieben. Die Wörtchen «weniger» oder «mehr» verraten, daß es eher um eine Korrektur bestehender Ernährungsgewohnheiten geht als um eine eigenständige Ernährungslehre.
Spritzmittelrückstände, künstliche Düngung und Massentierhaltung als Kriterien der Auswahl von Nahrungsmitteln sind bei der DGE kein Thema. Denn: die DGE bekommt ihre Aufträge für Publikationen von der Bundeszentrale für gesundheitliche Aufklärung und dem Bundesministerium für Gesundheit. Da die Bundesregierung immerhin die Zulassung von Spritzmitteln und die Genehmigung von Massentierhaltung zu verantworten hat, kann sie logischerweise nicht vor den so erzeugten Produkten warnen.
Denn die DGE kann sich schon allein aus ihrer Zielsetzung heraus keine Aussagen leisten, bei denen man von vornherein davon ausgehen kann, daß sie nur von bestimmten Bevölkerungsgruppen akzeptiert werden. In den «Empfehlungen für die Nährstoffzufuhr» heißt es am Ende der Einführung:
«Die Bedeutung einer Gesundheitsprophylaxe durch richtige Ernährung in der Bundesrepublik Deutschland ergibt sich aus den Kosten für ernährungsbedingte Krankheiten, die bereits für das Jahr 1980 auf über 42 Milliarden DM pro Jahr veranschlagt werden.» (S. 12)
Im Klartext: Die Deutschen sollen gesünder essen, damit ihre Krankheiten nicht so teuer werden.
Das ist natürlich etwas drastisch ausgedrückt, und in der DGE ar-

beiten mit Sicherheit Menschen, denen es um das Wohlbefinden der Deutschen und nicht nur um den Geldbeutel der Nation geht. Aber es markiert den Unterschied zu anderen Ernährungslehren. Greift jemand zu Büchern über Vollwertkost, Makrobiotik, Hay'sche Trennkost oder antroposophische Ernährung, hat er selbst seine Ernährungsweise bereits in Frage gestellt und sucht nach Antworten.

Es gibt eine ganze Reihe Broschüren der DGE, für die verschiedensten Zielgruppen. Alle basieren auf den «10 Regeln für eine vollwertige Ernährung». (Eine Liste der Broschüren mit Bezugsadresse finden Sie im Anhang.)

Allen gemeinsam ist das Ziel der körperlichen und geistigen Leistungsfähigkeit. Sie versprechen den Menschen, die diesen Regeln folgen, nicht zum Sektierer, sprich Außenseiter, zu werden, und sie stellen ihm in Aussicht, an diese Gesellschaft voll angepaßt, sprich leistungsfähig zu sein. Wenn Sie zu einer nüchternen Einschätzung von Nahrung als «Treibstoff» menschlichen Lebens neigen und sich ungern nicht eindeutig beweisbaren Aussagen anschließen, dann finden Sie hier brauchbare, ansprechend dargebrachte Information.

Andere Ernährungslehren, kurz gefaßt

Aber nicht jeder betrachtet Nahrung nur als «Treibstoff» des Lebens. Wer das, was er ißt, in einem größeren geistig/seelisch/ökologischen Zusammenhang betrachtet, wird mit der «Vollwertigen Kost der DGE» nicht ganz zufrieden sein.

Die vielfältigen Gründe, aus denen heraus Menschen über ihre Ernährung nachdenken, lassen sich schwerpunktmäßig fünf Grundmustern zuordnen.

1. Eine bereits bestehende Krankheit zwingt zur Ernährungsumstellung.
2. Man möchte Krankheit vorausschauend vermeiden und versucht darum, sich gesund zu ernähren.

3. Man betrachtet die Ernährung als ein gestaltendes Bindeglied zwischen dem eigenen Körper und dem ihn umgebenden Kosmos und versucht, durch Ernährung energetische Harmonie zu erreichen.
4. Man fühlt sich mitverantwortlich für die Welternährungslage und versucht, seinen Speisezettel so zu gestalten, daß möglichst wenig Ressourcen verbraucht werden.
5. Man fühlt sich mitverantwortlich für das gesamte Ökosystem, in dem wir leben, und achtet darauf, nicht nur Ressourcen zu schonen, sondern bezieht giftfreien Anbau, artgerechte Viehhaltung und Vermeidung von Transport- und Konservierungsenergie in seine Überlegungen mit ein.

Diese Grundgedanken lassen sich natürlich nicht scharf voneinander trennen. Dennoch läßt sich gerade bei den bekanntesten Ernährungslehren meist deutlich ausmachen, wo Schwerpunkte gesetzt werden. Ein paar Beispiele:

Zu 1.: Die Vollwertkost nach Dr. Bruker und die Schnitzer-Kost sind beides ovo-lacto-vegetabile Ernährungslehren, d. h., sie erlauben Milchprodukte und Eier: Sie wurden von Ärzten entwickelt und beziehen sich häufig darauf, wie Krankheiten durch Kostumstellung geheilt werden können. (M. O. Bruker, Krank durch Zucker, Bad Homburg v. d. Höhe 1981; J. G. Schnitzer, Gesundheit für unsere Jugend, St. Georgen/Schwarzwald 1974)

Zu 2.: «Fit for life» ist eine Version der schon recht alten Hay'schen Trennkost, die von dem Ehepaar Diamond in den USA entwickelt wurde und mit dem Optimismus des «Landes der unbegrenzten Möglichkeiten» vorgetragen wird. Grundtenor: Ernähre dich nach unseren Vorschlägen, und du wirst alles erreichen, was du willst. Die Ökologie bei der Nahrungserzeugung ist kein Thema. (H. und M. Diamond, Fit for Life, München 1986)

Zu 3.: Hierher gehören die Makrobiotik und die Antroposophische Ernährungslehre. In der Makrobiotik werden Nahrungsmittel nach «Yin» und «Yang» eingeteilt. «Yin» ist die sich ausdehnende Kraft, «Yang» die zusammenziehende. Durch richtige Zusammenstellung der Nahrung erhält sich der Mensch in körperlicher und

geistiger Harmonie. (M. und E. de Graaf, Makrobiotik für mich, Darmstadt 1986)
Ähnlich ins Metaphysische übergreifende Beurteilungen von Lebensmitteln finden wir bei den Antroposophen. Bei ihnen ist die Rede von «ätherischen Bildekräften», die eine Pflanze gestalten, und die, wird sie zur menschlichen Nahrung, vom Menschen aufgenommen und umgesetzt werden. (P. Kühne, Ernährungssprechstunde, Stuttgart 1993)
Zu 4. können wir Frances Moore-Lappés «Öko-Diät» zählen, in deren Mittelpunkt der Ersatz tierischen Eiweißes durch geschickte Kombination pflanzlicher Eiweißträger steht. Der Grundgedanke ist, Anbauflächen statt zur Viehhaltung direkt der menschlichen Ernährung verfügbar zu machen, so den Nutzungsgrad zu steigern, um dem Hunger auf der Welt besser begegnen zu können. (F. Moore-Lappé, Die Öko-Diät, Frankfurt a. M. 1978)
Unter 5. fallen die meisten vegetarischen Ernährungslehren, seien es nun ovo-lacto-vegetabile (die Milch und Eier einschließen) oder auch vegane, die ausschließlich pflanzliche Kost erlauben.
Ich möchte Ihnen hier nicht die Inhalte der einzelnen Ernährungslehren erläutern. Wen es interessiert, der findet in der angegebenen Literatur Näheres. Ich halte es aber für sehr sinnvoll, wenn Sie sich selbst befragen, welche dieser Aspekte für Sie nachvollziehbar und maßgebend erscheinen.

Ein Beispiel für ein persönliches Prioritätenprofil:
Mir hat die Erfahrung gezeigt, daß meine durch Angst ausgelöste Ernährungsumstellung («Wer krank wird, ist selber schuld») wenig Bestand hatte.
Weiterhin erscheinen mir die «Fit-for-Life»-Lehren, wenn man sie mit ökologisch gutem Gewissen praktizieren will, hierzulande als undurchführbar. Man soll demnach vormittags nur frisches Obst essen – dann mümmelt unsereins von November bis Mai von acht bis zwölf zunehmend verschrumpelte Äpfel, wenn die heimischen Vorräte nicht schon im Februar aufgebraucht sind. Eine Ernährungslehre, die auf dem Importwesen beruht, ist mir persönlich suspekt. Die Makrobiotik und die anthroposophische

Ernährung betrachte ich zwar mit Respekt, kann mich aber nicht recht überwinden, daran zu glauben.
Und zur Fleischeinsparung die essentiellen Aminosäuren verschiedener Lebensmittel auswendig zu lernen, um mit einer Kombination von Mais und Bohnen ein Beefsteak zu ersetzen, das ist mir zu mühsam, und die notwendigen pflanzlichen Nahrungsmittel sind teilweise auch unserer Gewohnheit zu fremd (Mais, Sojabohnen, Erdnüsse, Kichererbsen). Gedanken, die mir als Kriterium der Nahrungsauswahl gefallen, sind die der Lebendigkeit der Nahrung, auch wenn wissenschaftlich nicht nachgewiesen werden kann, daß sich der Nährstoffgehalt eines gekochten Apfels von dem eines lebendigen, rohen unterscheidet. Das ist vielleicht ein bißchen Mystik, aber eine Mystik, die mir gefällt. Ich bin darum kein Rohköstler, aber ich halte es für möglich, daß an diesem Kriterium etwas Wahres sein könnte.
Ebenso leuchtet mir ein, daß eine natürlich gezogene Pflanze ein besseres Nahrungsmittel ist als eine mit Kunstdünger und Spritzmitteln traktierte. Also kaufe ich, wenn's der eigene Garten nicht hergibt, Bio-Gemüse. Und wenn es denn Fleisch sein soll, bemühe ich mich, Fleisch von artgerecht gehaltenem Vieh zu bekommen – das Tier hat nicht so viel gelitten, und es schmeckt auch besser.
Allerdings – um das schlechte Gewissen kommt man nicht herum – funktioniert das nur mit einer energieverbrauchenden Tiefkühltruhe, denn für jedes Schnitzel kilometerweit zu fahren, wäre ja ökologisch noch verwerflicher.

So ungefähr sieht mein persönliches «Auswahlprofil» aus, Ihres kann ganz anders sein.
Versuchen Sie doch einmal, innerhalb Ihrer Familie abzuklären, was Ihnen von diesen Punkten wirklich wichtig ist – das kann zu überraschenden Ergebnissen führen.

Der Geschmackssinn

Wenn Sie sich nun, ausgestattet mit der sicher unabweisbaren Erkenntnis, daß Zucker ungesund und Vollkornbrot gesund ist, und der eigenen Entscheidung, ob Sie Fleisch essen wollen oder nicht, überlegen, was Sie auf den Tisch bringen wollen, werden Sie ja noch von etlichen anderen Vorstellungen beeinflußt als nur der physiologischen Verträglichkeit der Speisen.
Ich glaube, es gibt keine Mutter und keinen Vater, die den Gedanken nicht kennen: «Werden sie es essen oder werden sie es nicht essen?»

> Ich weiß es schon. Bei Reis wird Lena schreien, bei Kartoffeln mit Quark Jan, bei Fisch gibt's Gequieke von Nora und Clara, bei gebratenen Zwiebeln kommt ein «Lecker!» von Lena und ein «Bäh!» von Nora, bei Kartoffelpuffern strahlen die Mädchenaugen, und Jan geht, sich ein Brot zu schmieren.
> Alle Kinder zugleich zu befriedigen, gelingt nur mit Grießbrei und Pfannkuchen, aber dann geht der Vater statt dessen an den Kühlschrank.
> Daß es allen gleich gut schmeckt, die Hoffnung habe ich inzwischen aufgegeben.

Man kann es drehen und wenden, wie man will: Der zentrale Punkt beim Essen ist trotz aller ernährungswissenschaftlichen Erkenntnisse der Geschmack, nicht der gesundheitliche Wert einer Speise. Nach letzterer fragt man bei Medizin, beim Essen nur notgedrungenerweise oder vom Verstand geleitet, der Mund spricht eine andere Sprache.
Und Kindermund ist nicht gleich Erwachsenenmund.
Zum einen sind Kinder, vor allem Kinder bis zur Einschulung, noch sehr nahe an dem Stadium, in dem sie Welt in erster Linie über den Mund erfahren haben.
Für den Säugling ist der Mund das am weitesten entwickelte Tastorgan überhaupt, erst langsam kommt die Hand als ein Instrument dazu, mit dem das Kind die Welt «begreifen» kann. Tatsächlich

wird die Fähigkeit des Greifens anfangs meist dazu benutzt, den zu erforschenden Gegenstand in den Mund zu stecken, bis die Hand genug Erfahrung gesammelt hat, dem Kind ohne Umweg über den Mund Mitteilungen über die Welt zu machen.

Lebenslang bleibt der Geschmackssinn Träger von Erinnerungen an Welterfahrung, an Beziehungen, an Selbsterfahrung. Aber bei Kindern verweben sich all die Komponenten einer Situation noch ganz unmittelbar, und sie sind oft nicht imstande, sie bewußt voneinander zu trennen. «Ihr kocht nie, was mir schmeckt!» – wie oft ist das der Kommentar zu einem ungeliebten Essen, auch wenn es kurz zuvor die Lieblingsspeise gegeben hat.

Mich erstaunt immer wieder, zu welch umfassenden Interpretationen eines mißliebigen Geschmacks Kinder imstande sind.

Wenn mir etwas nicht schmeckt, dann habe ich vielleicht Schwierigkeiten, es zu essen, aber weder denke ich, daß ich noch nie etwas Besseres bekommen habe, noch daß ich nie etwas Besseres bekommen werde, noch daß es immer mich und nie die anderen trifft. Auch laste ich es nicht der Bosheit der Köchin oder des Kochs an, daß er mich mit dem «ekligen Zeug» ärgern wollte. Im Gegenteil, sie oder er tut mir leid, daß ich nicht durch wohligen Genuß sein Erfolgsgefühl erhöhen kann. Wahrscheinlich werde ich sogar noch versuchen, das eine oder andere an dem Essen zu loben, was mir nur halbwegs lobenswert erscheint, um den Frust etwas abzumildern.

Aber Kindern kann ein ungeliebtes Essen wirklich die ganze Laune verderben, und oft genug kommt es vor, daß bei schlechter Laune auch das Essen nicht mehr schmeckt. Das ist zwar selten der Fall bei Süßigkeiten, aber häufig kommt es vor bei eher neutralen Dingen wie Kartoffeln oder Butterbrot.

Ich denke, in solchen Augenblicken ist es wichtig, als Eltern unterscheiden zu können, ob es wirklich der Geschmack ist, der die Laune verdirbt, oder ob die Laune auf den Geschmack zurückschlägt. Ein Kind wiederholt zu etwas zu zwingen, was ihm tatsächlich zuwider ist, kann schlimme Erinnerungen an Demütigung und Qual hinterlassen. Aber zu erwarten, daß die sonst ak-

... möchte ich Ihnen, mein Printzchen, den Speisenplan dieser Woche vorschlagen.
Mo
Spaghetti
Ketchup
Di
Pommes
Ketchup
Mi
Spaghetti
Ketchup
Do
Pommes
Ketchup
Fr
paghetti
Ketchup
Sa
Pommes
Ketchup
So
paghetti
Ketchup

zeptierten Kartoffeln gegessen werden, auch wenn ein Ärger den Genuß beeinträchtigt, das halte ich für vertretbar.
Und noch etwas sollten Sie bedenken. Kinder schmecken tatsächlich anders als Erwachsene. Abgesehen von der bekannten und bereits öfter erwähnten Geschmackspräferenz für Süßes empfinden Kinder verschiedene Geschmacksrichtungen intensiver und haben auch gegen neue Geschmackserfahrungen meistens Widerstände abzubauen.
Oft ist das für Erwachsene wirklich unverständlich.

> Bei uns gibt es z. B. häufig Kochkäse, der von den Kindern gerne gegessen wird. Aber wehe, es steht mal statt des Kochkäses mit 20% Fettgehalt der mit 10% auf dem Tisch – kein Kind rührt ihn an. Noch schlimmer, wenn der Supermarkt mal auf eine andere Marke umstellen mußte, aus welchen Gründen auch immer – den Kochkäse darf ich dann allein aufessen. Ich nehme wohl auch wahr, daß er einen Hauch anders schmeckt, aber ich betrachte das als Geschmacksvariante, so wie ich mich auch auf viele neue Geschmacksrichtungen in Gasthäusern oder bei Freunden einlasse.

Diese Bereitschaft, dieses Vertrauen, daß auch Fremdes Gutes sein kann, ist bei Kindern etwa bis zum Alter von zwölf Jahren meistens sehr gering.
Wenn man davon ausgeht, daß für Kinder jeder neue Reiz erst einmal Spannung erzeugt und eingeordnet und verarbeitet werden muß, ist es völlig einleuchtend, daß sie versuchen, die Anzahl der neuen Reize in einem Rahmen zu halten, den sie noch verarbeiten können.
Beim Schlafengehen ist es völlig klar. Ein Kind lernt das Einschlafen am besten in immer gleicher Umgebung. Entspannung braucht Abwesenheit neuartiger Reize. Würde man einem Kind täglich andere Speisen vorsetzen, «damit es lernt, alles zu essen», wäre das gerade so, als ob man es täglich in ein anderes Bett legen würde, «damit es lernt, überall zu schlafen».
Vielleicht werden Sie beobachten, daß ein «reizbares» Kind ein

schlechter Esser ist. Es schützt sich so vor noch mehr Reizen, um wenigstens beim Essen seine Ruhe zu haben. Kinder mit einem «dickeren Fell», an denen Reize von außen leichter abprallen, sind meist auch unempfindlicher gegenüber ungewohntem Essen.

> Ich kenne beide Typen in unserer Bekanntschaft. Lisa, das Pummelchen, das bei allem die Ruhe weg hat und schlicht alles ißt, was man ihm vorsetzt, und Jörg, spindeldürr und hoch nervös, der durch winzigste Bemerkungen aus dem Gleichgewicht gebracht werden konnte, und der schon als Säugling sich vehement gegen neue Geschmacksreize wehrte; er mußte eineinhalb Jahre voll gestillt werden.

Meine eigenen Kinder liegen irgendwo zwischen diesen Extremen, Ihre wahrscheinlich auch. Aber es lohnt sich zu beobachten, ob in Phasen erhöhter Reizbarkeit die Toleranz gegenüber mehr oder weniger gemochten Geschmacksreizen zurückgeht. Darauf Rücksicht zu nehmen, kann ein unauffälliger Weg sein, familiäre Spannungen abzubauen oder zu verhindern.

«Abwechslungsreiche» Ernährung

Die Hinweise, die wir allerorten finden, wie wichtig eine «abwechslungsreiche» Ernährung sei, können Eltern von wählerischen Kindern ganz schön ins Schwitzen bringen. Statt Unsicherheit abzubauen, hinterlassen sie bange Fragezeichen, ob das Kind nun einen Mangelschaden erleidet, weil es zu wenig verschiedene Nahrungsmittel zu sich nimmt.

Meist wird auch gar nicht definiert, was «abwechslungsreich» eigentlich bedeuten soll. Ich habe den Verdacht, daß hier häufig «vielseitig» mit «abwechslungsreich» verwechselt wird. Heißt es nun, daß man jeden Tag ein anderes Getreideprodukt, jeden Tag ein anderes Gemüse, jeden Tag anderes Obst, jeden Tag anderes Fleisch oder anderen Käse essen sollte?

Oder heißt «abwechslungsreich», daß man davon absieht, sich

vier Wochen hintereinander ausschließlich von Pommes mit Ketchup zu ernähren?
Hilfreich ist der Ernährungskreis der DGE, allerdings müßte noch deutlicher gesagt werden, daß aus jedem Segment etwas gegessen werden sollte, diese Zusammenstellung aber ohne Gefährdung der Gesundheit ruhig über ein paar Wochen aufrecht erhalten werden kann.
Nehmen wir mal an, ein Kind ißt mit Vorliebe Kartoffelbrei mit etwas Milch und Butter, Mohrrüben aus der Hand, Knäckebrot mit jungem Gouda, Bananen und Apfelsaft. Dann hat es aus jedem Kreissegment des Ernährungskreises etwas zu sich genommen, und wenn es das drei Wochen lang tut, dann mögen Sie schon gähnen vor Langeweile, dem Kind wird dennoch nichts fehlen.
Gerade Kinder im ersten Lebensjahr, die noch reichlich Milchnahrung erhalten, kann man bestens nur mit Kartoffeln und Mohrrüben als Beikost ernähren. All die Gläschen mit exotischen Früchten befriedigen eher das Gefühl der Mutter, etwas für ihr Kind getan zu haben, als den Vitaminhaushalt des Kindes – vom Umsatz der Gläschenfirma einmal ganz abgesehen. (Tatsächlich steigt bei zu vielen verschiedenen Nahrungsmitteln im Säuglingsalter die Allergiegefahr!)
Nun wird es in den seltensten Fällen wirklich so sein, daß ein Kind tatsächlich drei Wochen lang immer nur dasselbe ißt, auch wenn Ihnen das so vorkommen mag.

Clara z. B., die man schon als recht wählerisch bezeichnen kann, ißt innerhalb einer Woche mit Sicherheit: Brot, Kartoffeln, Möhren, Äpfel, Käse, Haferflocken, Butter, Milch, das alles in guter Vollwertqualität. Dazu kommen ab und zu noch Weißmehlbrötchen, ein paar Fruchtgummis vom Taschengeld, mal eine Scheibe Wurst, Beeren aus dem Garten oder Kompott aus dem Keller, Nudeln und Pfannkuchen.
Das ist gewiß eine einfache Zusammenstellung, es fehlt die Vielfalt im Gemüse, es fehlt frischer Salat, dafür ißt sie aber die Möhren roh. Sie mag keine Bananen, sie mag nur eine Käsesorte, sie mag für meine Begriffe zu gern Weißmehlprodukte und Süßes

– aber sie ist weder zu dick noch zu dünn, hat gute Zähne und ist fast nie krank.

Und wenn man noch genauer hinschaut, über ein paar Tage hinaus, dann kommt fast unbemerkt doch noch einiges hinzu. Wenn es Pfirsiche gibt, ißt sie die gerne, Wassermelonen sind ihr größter Wunsch, sie liebt Linsensuppe mit Würstchen, sie probiert die Tomatensoße. Ab und zu ißt sie nachmittags Butterzwiebäcke, sie verlangt beim Abendbrot plötzlich nach einer Tomate, gibt es Gurkenstücke, sind sie schnell in ihrem Mund verschwunden – und so vervollständigt sich der Speiseplan unversehens um etliche Vitamin- und Eiweißspender, wenn auch nicht regelmäßig, so doch immer wieder.

Ich denke, das sind ziemlich typische Kindervorlieben: eher mild und süß statt salzig und gut gewürzt, und eher weich oder knusprig statt hart und kauintensiv.

Eine ganz andere Frage ist, wie man es als Eltern empfindet, wenn das Kind die Kochkünste ablehnt, in die man täglich viel Zeit und Mühe steckt. Aber solange es nur darum geht, ob das Kind «gesund» ernährt wird, können Sie ruhig Rücksicht darauf nehmen, daß Kinder mit wenigen und für uns relativ reizlosen Geschmackserlebnissen zufrieden sind. Es wird sich für alle Bereiche der Ernährung ein Nahrungsmittel finden, das vom Kind akzeptiert wird, und Sie können sicher sein, daß irgendwann auch die Neugier auf neue Geschmacksvariationen einsetzt.

Kapitel 12 **Der Mund als Tor zum Kind**

Einem Kind etwas zu essen geben – ist Ihnen schon einmal aufgefallen, was für ein elementarer Vorgang das ist? Ist es nicht der direkteste Weg zu dem Kind?
Denn was ist mit dem «Innen» des Kindes intensiver, sinnlicher verbunden als die Nahrung, die es schmeckt?
Das, was wir einem Kind zu essen geben, ist die ganz sinnlich faßbare Brücke von uns zu dem sich bildenden Ich des Kindes.
Bezogen auf Säuglinge gehört das inzwischen zum Grundwissen von Eltern. Die Beziehung zur Mutter ist mit Nahrungsaufnahme verbunden, Stillen ist Körper- und Seelennahrung zugleich.
Und möchten nicht auch andere diesen Weg zum Kind über den Mund immer wieder gerne gehen? Ist nicht der Vater ein bißchen neidisch, weil er nicht stillen kann? Und ist die Oma, die dem Enkel Plätzchen backt und Schokolade schenkt, wirklich einfach nur gedankenlos, weil sie keine gesundheitlich unbedenklichen Buntstifte mitbringt?
Warum hängen eigentlich in Zoos überall Schilder «Bitte nicht füttern!»?
Warum füttern Menschen so gerne?
Kinder sind keine Zebras und Elefanten. Aber ich glaube wirklich, daß die Lust daran, einem anderen, mit dem man gern verbunden sein möchte, etwas zu essen zu geben, mit der elementaren Sinnlichkeit zu tun hat, die dem Akt des Essens zu eigen ist.
Und gehört er nicht dazu, der Geschmack der Kindheit?
Es schmeckt der Streit am Tisch nach Rosenkohl, aber es schmeckt auch der Sommerabend im Garten nach Stockbrot am Feuer, das schnelle Essen mit der besten Freundin nach Pfannkuchen, der Urlaub bei Oma nach ihrem Fleischgemüse und der Plausch in der Nachbarschaft nach den Fruchtgummis aus Tante Theas Eckschrank.
Unter den vielen Büchern zum Essen, die ich mittlerweile gelesen

habe, habe ich eines regelrecht verschlungen: «Zungenglück und Gaumenqualen – Geschmackserinnerungen», gesammelt von Andreas Hartmann, erschienen bei Beck, 1994. In vielen kleinen Geschichten erinnern sich hier Menschen aller Altersstufen an Geschmackserfahrungen, vorwiegend aus der Kindheit, einige auch aus dem Erwachsenenalter. Beim Lesen fielen mir selber wieder viele Geschmackserlebnisse aus meiner Kindheit ein, noch viel mehr als die schon erwähnten Rouladen mit Glockengeläut.

Für Erwachsene gibt es das natürlich auch. Schmeckt nicht Dänemark nach Schollen, Griechenland nach Olivenöl und Italien nach Rotwein? In besonderen Situationen arbeitet unser Gedächtnis so wenig abgenutzt wie das eines Kindes und beschert uns Erinnerungen von der gleichen komplexen Farbigkeit.

Und ich dachte: Wenn es schon so ist, daß der Geschmack der Kindheit so deutlich ins Erwachsenenalter hinüberschmeckt, können dann wir Eltern dazu beitragen, daß ein guter «Nachgeschmack» bleibt?

Sicher in Grenzen. Die meisten der intensiv erinnerten Geschmackserfahrungen entstehen eher zufällig, weil sie so abhängig sind von der Intensität der in dem Augenblick erlebten Gefühle, und die lassen sich nicht programmieren. Und es kann sicher auch nicht die Konsequenz sein, den Kindern nur noch anzubieten, was ihnen offensichtlich schmeckt, um ihre Erinnerungen zu «verzuckern» – worauf das hinausliefe, zeigt schon das Wort.

Aber kleine Riten bewußt zu pflegen, bei denen sich abzeichnet, daß es für die Kinder eine runde, satte, gute Erfahrung bleiben wird, das finde ich einen schönen Weg.

Ein solcher kleiner Ritus ist bei uns der «Kinderkaffee». Manchmal kommen die Mädchen auf die Idee, aus dem Puppengeschirr Kaffee zu trinken. Dann bekommen sie unsere Katzenkanne mit Caro-Kaffee gefüllt. Allein schon diese Kanne wird in ihrer Erinnerung nachschmecken: eine schön kitschige Katze, deren Kopf der Kannendeckel ist und die aus ihrer Pfote den Kaffee gießt. Made in China, natürlich. Dazu gibt es ein Kännchen Milch und ein Schälchen Zucker, und dann geht die Panscherei los. So zwei-

...und ein Häppchen für den sechsund- zwanzigsten Räuber von Ali Baba, und ein Häppchen für den Siebenundzwanzigsten...

felhaft der Zucker ist, so sicher bin ich mir, daß ihnen später jeder Caro-Kaffee nach Spielhäuschen schmecken wird.
Oder die Buchstabensuppe im Hüttchen. Manchmal legen wir den Kindern eine lange Verlängerungsschnur ins Hüttchen und schließen daran eine kleine Kochplatte an. Dann dürfen sie sich selber Nudelsuppe kochen, und ich wette, sie schmeckt ihnen hundertmal besser als jede noch so raffiniert abgeschmeckte Suppe am Familientisch.
Oder bei Familie Veit: An Winterabenden, wenn der Kaminofen bullert, gibt es Bratäpfel. Ein Kind geht herum und befragt die Familie, womit jeder seinen Apfel gefüllt haben will, mit Marmelade, Marzipan, Rosinen oder Nüssen. Dann werden gemeinsam die Äpfel vorbereitet und ins Backfach des Ofens geschoben. Sind sie fertig, versammeln sich alle um den Ofen, und es wird geschmaust. Das funktioniert, die Bratäpfel sind äußerst beliebt. Diese Familie hat solche «Riten» übrigens ganz bewußt «erfunden», um die Gemeinsamkeiten in der Familie zu stärken. Sie sind mit vier Kindern im Alter von sieben bis siebzehn in ein Haus gezogen, in dem die Kinder ein Stockwerk und die Erwachsenen ein anderes Stockwerk für sich bewohnen. Der Kaminofen wurde als Versammlungszentrum angeschafft, und nun verbreitet er Wärme und Würze für die ganze Familie.

Das ist das Schöne an diesem ganzheitlichen Erleben der Kinder: Es schmeckt eben nicht nur die Speise, es schmeckt in dem Augenblick das ganze Leben danach.

Hat's geschmeckt?

Wir sind nun langsam beim «Nachtisch» angekommen. Hat Ihnen mein «Gedankenmenü» über das Essen gemundet?
Ein Rezept für das sichere Gelingen eines angenehmen Familientisches konnte ich Ihnen leider nicht bieten. Sie werden vermutlich auch nach der Lektüre dieses Buches noch manchen Ärger bei Tisch erleben. Aber wenn Ihnen an dem ein oder anderen Punkt ein neuer Gedanke gekommen, ein schlechtes Gewissen verschwunden ist, ein bißchen mehr Gelassenheit Einzug hält, dann ist das erreicht, was zu erreichen war.
Denn eines ist klar: Einen neuen Knigge wollte ich nicht schreiben. Das wäre der Versuch, über Regeln den Fluß des Lebens zu kanalisieren und ihm seine Überraschungen und Unberechenbarkeiten zu nehmen. Solche Regeln vermitteln wohl Sicherheit, aber man bleibt sich fremd. Doch gerade das macht ja den Reiz des Familientisches aus: daß man sich nahe kommt, daß man beieinander bleibt in der persönlichen Entwicklung, die alle Familienmitglieder erleben. Wer hier mit starren Regeln mauert, verbaut sich die Sicht auf die anderen.
Für dieses neugierige Miteinander bleibt also nur das sorgfältige Beobachten der Bedürfnisse und das langsame Aufbauen von Verhaltensmaßstäben, die die Bedürfnisse von allen am Familientisch Beteiligten berücksichtigen. Auch das wird ein «Regelwerk» – aber eben Ihr eigenes. Nicht das ist richtig, was «man» tut, sondern das, wobei Ihre Familie gut gedeiht.
Dieses «Regelwerk» aufzustellen, das konnte ich Ihnen nicht abnehmen.
Aber den Mut dazu – den kann ich Ihnen wünschen!

Als Kind hab ich's nie zugegeben, Mama, du kochst am besten!

Literatur

Arens-Azevedo, Ulrike, Hamm, Michael (1992), Fast Food – Slow Food, Plädoyer für eine neue Eßkultur, Reinbek bei Hamburg: Rowohlt Taschenbuch Verlag

Bruch, Hilde (1991), Eßstörungen, Frankfurt a. M.: Fischer Taschenbuch Verlag

Bundeszentrale für gesundheitliche Aufklärung (1990), Wenn der Hefeteig spazieren geht ... und andere Geschichten übers Essen, Köln

Bundeszentrale für gesundheitliche Aufklärung (1993), Eßgeschichten, Wenn Kinder zu dick oder zu dünn werden, Köln

Bundeszentrale für gesundheitliche Aufklärung und Deutsche Gesellschaft für Ernährung, Iss was? Ein Magazin für Kinder; Köln

Adresse der Bundeszentrale für gesundheitliche Aufklärung: Ostmerheimer Str. 200, 51109 Köln

Deutsche Gesellschaft für Ernährung (1988), Richtig Essen. Eine Anleitung zur Vollwertigen Kost nach den Richtlinien der DGE, Frankfurt a. M.

Deutsche Gesellschaft für Ernährung (1993), Alternative Ernährungsformen, Frankfurt am Main

Deutsche Gesellschaft für Ernährung (1993), Der Mensch ist, was er ißt. Ein Ernährungswegweiser und Ratgeber bei häufigen ernährungsabhängigen Gesundheitsstörungen, Frankfurt a. M.

Deutsche Gesellschaft für Ernährung (1994), Von Anfang an, Informationen und Tips zur Säuglings- und Kleinkinderernährung, Frankfurt a. M.

Deutsche Gesellschaft für Ernährung (1986), Empfehlungen für die Nährstoffzufuhr, Umschau-Verlag: Frankfurt a. M.

Adresse der Deutschen Gesellschaft für Ernährung e.V.: Im Vogelsgesang 40, 60488 Frankfurt

Diamond, Harvey und Marylin (1986), Fit for Life, München: Goldmann

Elias, Norbert (1988), Über den Prozeß der Zivilisation. Soziogenetische und psychogenetische Untersuchungen. 1. Band: Wandlungen des Verhaltens in den weltlichen Oberschichten des Abendlandes, Frankfurt a. M.: Suhrkamp

Fuchs, Kathrin (1991), Meine Mutter – meine Pfunde, Eßzwänge und Erziehung, München, Wien, Zürich: BLV-Bundeszentrale für gesundheitliche Aufklärung

Gerlinghoff, Monika (1985), Magersüchtig, München: Piper

Glatzel, Hans (1974), Verhaltensphysiologie der Ernährung, München: Urban und Schwarzenberg

Graaf, Marion de, und Erik (1986), Makrobiotik für mich, Darmstadt: Pala

Grunert, Suzanne (1993), Essen und Emotionen. Die Selbstregulierung von Emotionen durch das Eßverhalten, Weinheim: Psychologie-Verlags-Union

Kühne, Petra (1993), Ernährungssprechstunde, Stuttgart: Urachhaus

Kurz, Marey (1985), Vollwertkost, die Kindern schmeckt, München: Gräfe und Unzer

Moore-Lappé, Frances (1978), Die Öko-Diät, Frankfurt a. M.: Fischer Taschenbuch Verlag

Pudel, Volker (1989), Heranwachsende im Problemfeld sich ändernder Ernährungsgewohnheiten, in: Sozialpädiatrie in Praxis und Klinik, 11, S. 633–643

Pudel, Volker, Westenhöfer, Joachim (1991), Ernährungspsychologie, Göttingen: Hogrefe

Seeßlen-Hurler, Beate (1984), Bunte Nudeln und Schokoquark, Erfolgsrezepte für Kinder aus der Bio-Küche, Reinbek bei Hamburg: Rowohlt Taschenbuch Verlag

Verbraucher-Zentrale (1994), Bärenstarke Kinderkost, Düsseldorf

Weiss, Thomas (1994), Krank im Schlaraffenland. Wie wirkt die Ernährung auf unsere Gesundheit? München: Kösel

Mit Kindern leben

Praktische Tips, Ideen, Ratgeber. Anregungen für den Umgang mit Kindern in der Freizeit.

Helga Biebricher
Scherzfragen, Rätsel, Schüttelreime *Vergessenes und Neues zur Unterhaltung*
(rororo sachbuch 7662)

Gela Brüggebors
Körperspiele für die Seele
312mal Bewegung, Entspannung, Energie. Anregungen zur Psychomotorik
(rororo sachbuch 8526)
Klüger als die Eltern... *Mentale Spiele für Kinder*
(rororo sachbuch 9354)

Kristina Hoffmann-Pieper
Basteln zum Nulltarif *Spiel und Spaß mit Haushaltsdingen*
(rororo sachbuch 7955)

Barbara Cratzius
Noch mehr Fingerspiele und andere Kinkerlitzchen *Eine Wundertüte für neue Spiellust mit kleinen Kindern*
(rororo sachbuch 8574)
Allererste Kinderrätsel
Denkspaß für Eltern und Kinder
(rororo sachbuch 9143)

Walter Diem
Spielausflüge *Ralleys und Spiele im Grünen*
(rororo sachbuch 8443)

Sharla Feldscher
Das Spiel- und Aktionsbuch
Spaß für Kinder, Eltern, Pädagogen
(rororo sachbuch 8867)

Bettina Hannsz
Kinder mögen Yoga *Entspannung für Körper und Seele*
(rororo sachbuch 9130)

Karin Mönkemeyer
Mit Kindern Umwelt und Natur entdecken:
Frühling
(rororo sachbuch 8828)
Sommer
(rororo sachbuch 8829)
Herbst
(rororo sachbuch 8830)
Winter
(rororo sachbuch 8831)

Beate Seeßlen-Hurler
Kinderfeste *Vorschläge für den Feierspaß von groß und klein*
(rororo sachbuch 8302)

E. Wüpper / Zirkus Kralle
Kinder, Clowns und Kapriolen
Zirkus zum Selbermachen
(rororo sachbuch 8440)

Ein Gesamtverzeichnis der Reihe *mit kindern leben* finden Sie in der *Rowohlt Revue*. Jedes Vierteljahr neu. Kostenlos in Ihrer Buchhandlung.

rororo sachbuch

3413/8b